사고력 수학

노크

B5
(9~10세)

연산

이 책을 보시는 부모님들께

머리가 좋아야 수학을 잘 한다는 말이 있습니다. 또, 수학을 잘 못하는 아이는 아빠, 엄마의 머리를 물려받아서 그렇다는 등의 난데없는 유전자 논쟁이 벌어지기도 합니다. 하지만 많은 사람들의 일반적인 생각과는 달리 이는 근거없는 이야기입니다. 외국의 한 연구 기관에서 언어, 사회, 수학, 과학의 네 가지 분야 중 어떤 것이 아동의 선천적 재능에 영향을 받는지 조사한 연구 결과를 발표했는데 일반적인 예상과는 다르게 선천적 재능에 영향을 받는 순서는 사회, 언어, 과학, 수학 순이었습니다. 다시 말해, 수학은 여러 학문 분야 중 선천적인 재능보다는 후천적인 환경이나 교육자, 학습자의 노력에 가장 큰 영향을 받는 학문이라 볼 수 있습니다. 수학의 가장 기본이 되는 '수 영역'의 예를 들어 보겠습니다. 아이들이 수를 처음 접하는 시기의 차이는 있지만 실제 수에 대한 감각과 수를 다루는 연습은 생활 속에서의 체험이나 다양한 활동, 학습 속에서 이루어집니다. 즉, 수학의 가장 기본이 되는 수는 선천적으로 가진 재능과는 거의 연관이 없으며 자라나면서 어떤 환경에 놓이는지, 얼마나 많이 수를 생각할 수 있는 기회가 있는지, 나이에 맞는 올바른 학습을 만날 수 있는지에 좌우됩니다. 그러므로 아이의 수학적 발달에 문제가 있다면, 그 아이가 누구를 닮아서 그런지, 지능이 떨어지는지를 따질 것이 아니라 수학적 힘을 기를 수 있는 학습 환경을 어떻게 만들어줄 것인가를 고민해야 합니다.

국제영재교육연구소의 랜즐리 소장은 영재의 기준을 마련하기 위해 여러 연구를 시행한 결과, 영재의 공통적인 특징들을 발견하였습니다. 첫째는 115 이상의 지능지수(IQ), 둘째는 창의력(Creativity), 셋째는 동기적 요소라고 부르는 끈질긴 근성과 과제집착력이었습니다. 이들 세 가지 요소 역시 선천적으로 타고 나는 부분도 물론 있겠지만 대부분 후천적인 학습이나 교육 활동을 통해 기를 수 있는 능력이라는 데에 이의를 제기하기는 힘듭니다.

이 처럼 수학적 능력은 후천적 학습 환경에 주로 좌우되며, 특히 어린 시절에는 그러한 경향이 더더욱 두드러집니다. 하지만 우리의 아이들을 둘러싼 수학적 환경을 다시 한 번 돌아봅시다. 초등학교를 들어가기 전부터 과도한 학습량과 무의미한 반복 활동, 이후의 수학 학습에 오히려 방해가 될 정도로 무리한 선행 학습 등의 환경은 아이의 수학적 힘을 길러주기보다는 수학에서 가장 중요한 창의적 사고력을 기를 수 있는 기회를 박탈함과 동시에 수학에 대한 흥미를 급속하게 떨어뜨리게 하여 수학으로 문제를 해결하려는 의지, 즉 수학적 동기를 스스로에게 부여하는 것을 불가능하게 만들어 버립니다. 중요한 것은 남들보다 먼저, 그리고 더 많이 수학적 지식을 머리 속에 주입하는 것이 아니라 태어나서부터 누구나 가지고 있는 수학에 대한 관심, 그리고 수학으로 생각하는 힘을 일깨워주는 것입니다.

수학을 잘할 수 있는 힘,

수학적 잠재력은 이미 여러분 아이들의 머릿 속에 줄곧 있어왔습니다. 단지 어떤 아이는 그것을 찾아내어 드러낼 수 있었고, 어떤 아이는 꼭꼭 숨긴 채 평생 드러나지 않을 뿐입니다. 이러한 수학적 잠재력에 대한 참신한 자극 − 생각을 두드리는 '노크'를 제안하려 합니다. '노크'는 수학적 지식과 스킬만을 무리하게 밀어넣지 않습니다. 왜 수학을 해야 하고, 어떻게 수학으로 가능한지 끊임없이 스스로 생각하게하는 계기로서의 활동이 되려 합니다. 일상으로부터 괴리된 학문으로서의 수학이 아닌, 삶을 살아가며 반드시 키워야 할 논리적, 합리적 사고력을 기를 수 있는 누구에게나 가장 중요한 경쟁력으로서의 수학을 주장합니다. '노크'야말로 새로운 수학 학습의 길을 보여주는 방향타가 될 것입니다.

하 현 조

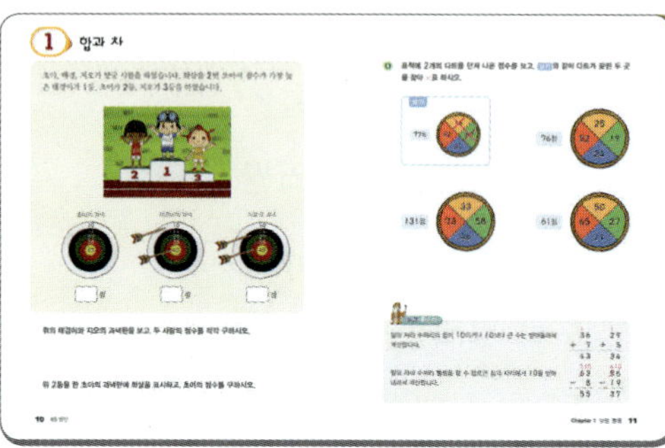

시작 : 생각열기

사고력 수학 주제에 맞는 수학적 상황, 수학사, 생활 속 수학 이야기 등의 자유로운 형식으로 흥미를 유발하고, 수학적 사고를 자극하는 주제별 프롤로그

노크 포인트

문제 해결의 핵심적 원리를 '콕!' 집어서 간결하게 요약한 사고력 수학 주제별 포인트

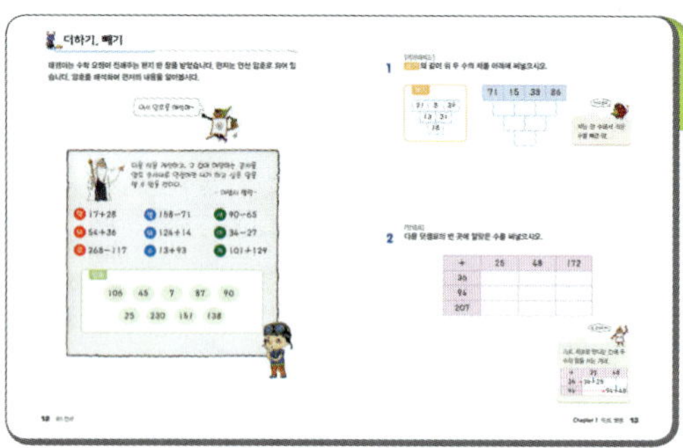

전개 : 유형 탐구

사고력 수학의 대표 유형을 노크만의 새로운 방법으로 차근차근 한 단계씩 익히고 해결하는 단계적 유형 탐구와 이를 통해 익힌 방법적 원리를 적용, 확장하는 확인 문항

수학 요정들의 친절한 충고와 꼬마 요괴들의 밉살스럽지만 유용한 조언으로 어려운 발전 문항의 해결을 돕는 문제 해결 도우미 박스

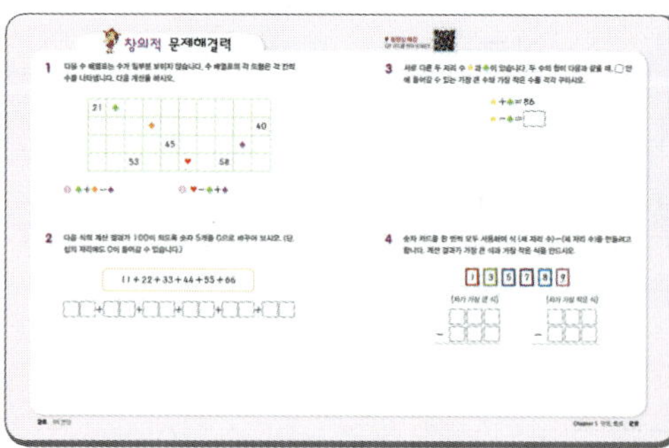

발전 : 창의적 문제해결력

3개의 사고력 수학 주제를 갈무리하는, 한 차원 높은 창의력과 복합적인 사고력을 요구하는 발전 문항의 끝판왕

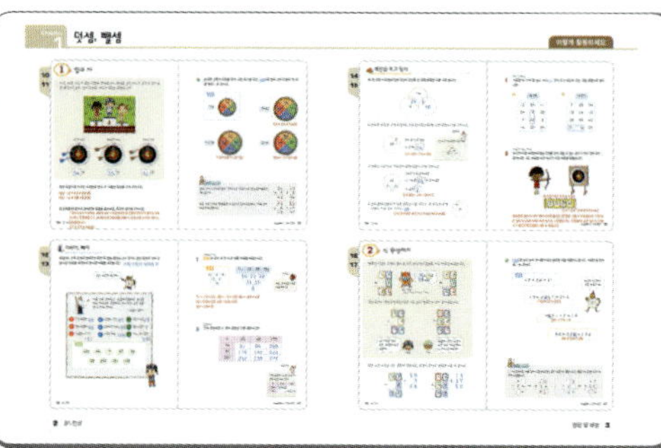

마무리 : 정답 및 해설

본문에 그대로 첨삭된 정답과 간략한 풀이 과정을 통한 사고력 수학 활동 피드백으로 마무리

노크
캐릭터 소개

태경
활동파 리더

지오
호기심 공주

초이
조용한 전략가

아인
꼬마 천재

마법사 멀린과 수학 요정

마법사 멀린

노크랜드의 지식의 수호자. 지식을 파괴하려는 대마왕의 음모에 맞서 모험을 떠난 친구들의 든든한 조력자.

아르키메데스 **페르마** **플라톤**

파스칼 **피타고라스** **가우스**

유클리드 **오일러**

대마왕과 꼬마 요괴

대마왕

노크랜드의 지식의 파괴자. 세계를 차지하기 위해 모든 지식을 없애버리려고 하는 요괴들의 두목.

딴소리 **한입** **장난**

딴짓 **멍하니** **잠만자**

울보 **거꾸로**

이 책의 차 례

Chapter 1 덧셈, 뺄셈

Chapter 2 곱셈구구

Chapter 3 — 덧셈과 곱셈

Chapter 4 — 미지의 수

덧셈, 뺄셈

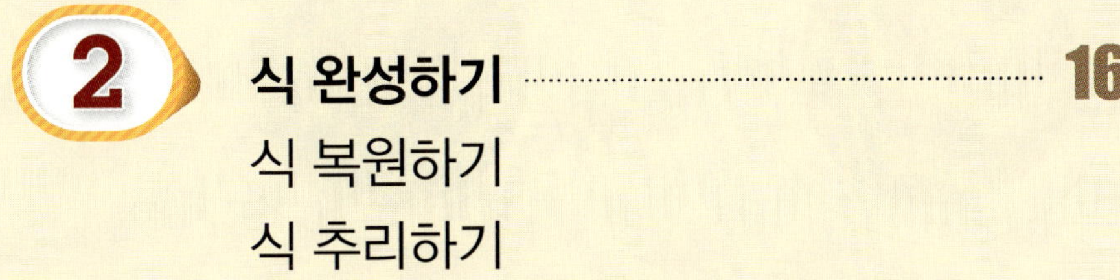

합과 차

초이, 태경, 지오가 양궁 시합을 하였습니다. 화살을 **2**번 쏘아서 점수가 가장 높은 태경이가 **1**등, 초이가 **2**등, 지오가 **3**등을 하였습니다.

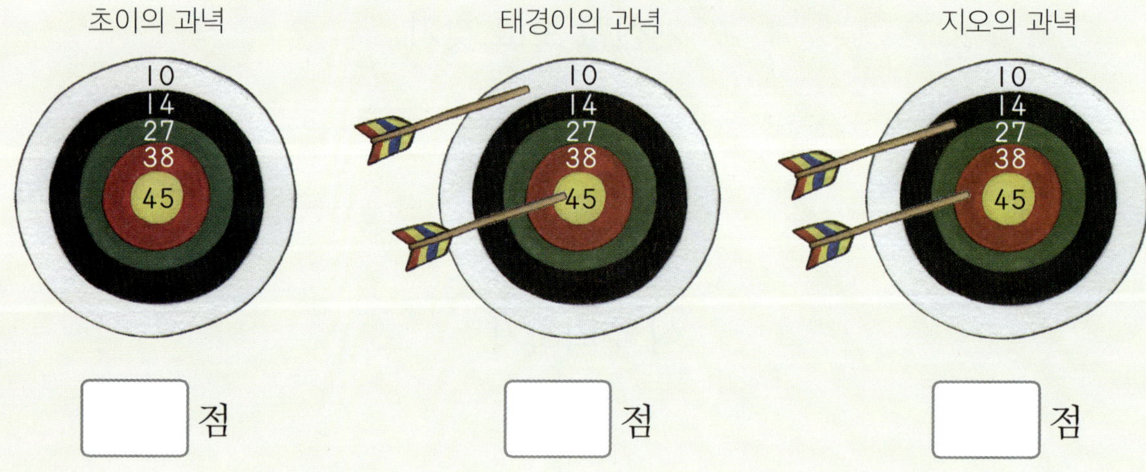

☐ 점　　　　☐ 점　　　　☐ 점

위의 태경이와 지오의 과녁판을 보고, 두 사람의 점수를 각각 구하시오.

위 2등을 한 초이의 과녁판에 화살을 표시하고, 초이의 점수를 구하시오.

표적에 2개의 다트를 던져 나온 점수를 보고, 보기 와 같이 다트가 꽂힌 두 곳
을 찾아 ×표 하시오.

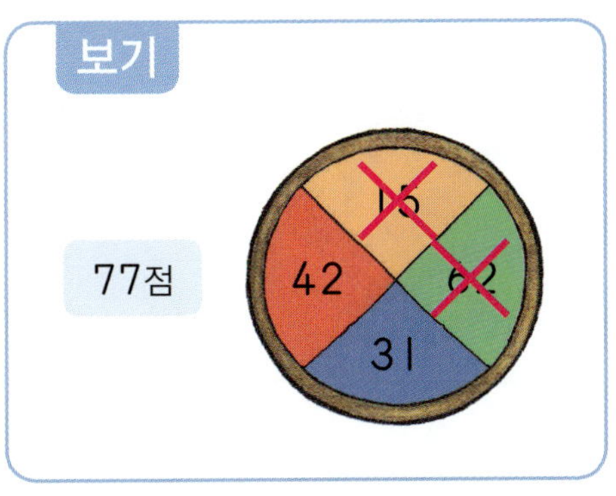

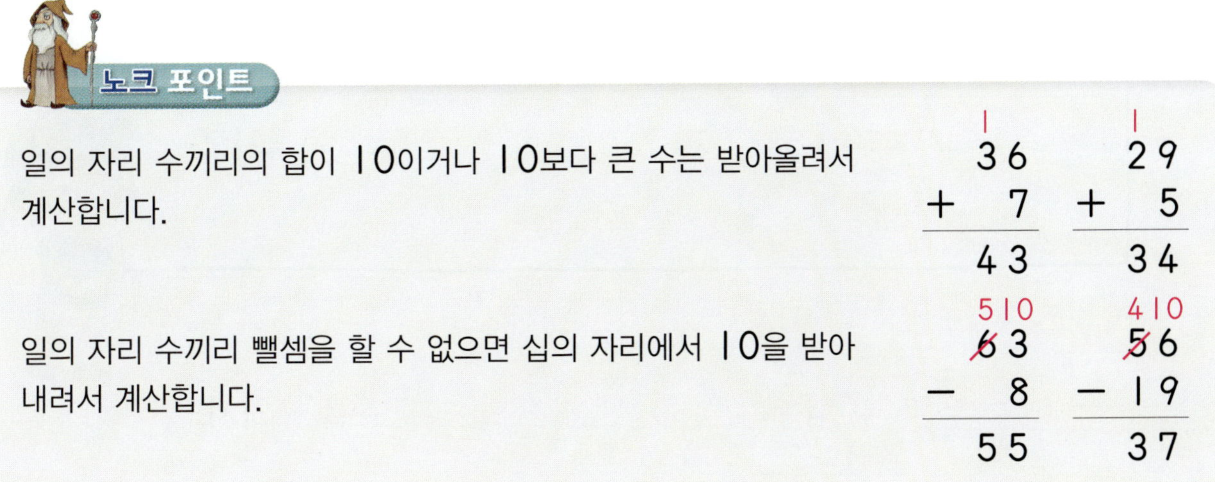

태경이는 수학 요정이 전해주는 편지 한 장을 받았습니다. 편지는 연산 암호로 되어 있습니다. 암호를 해석하여 편지의 내용을 알아봅시다.

다음 식을 계산하고, 그 값에 해당하는 글자를 암호 순서대로 연결하면 내가 하고 싶은 말을 알 수 있을 것이다.

— 마법사 멀린—

학 17+28 **넵** 158−71 **세** 90−65

의 54+36 **와** 124+14 **마** 34−27

로 268−117 **수** 13+93 **계** 101+129

암호

106	45	7	87	90
25	230	151	138	

1 **보기**와 같이 위 두 수의 차를 아래에 써넣으시오.

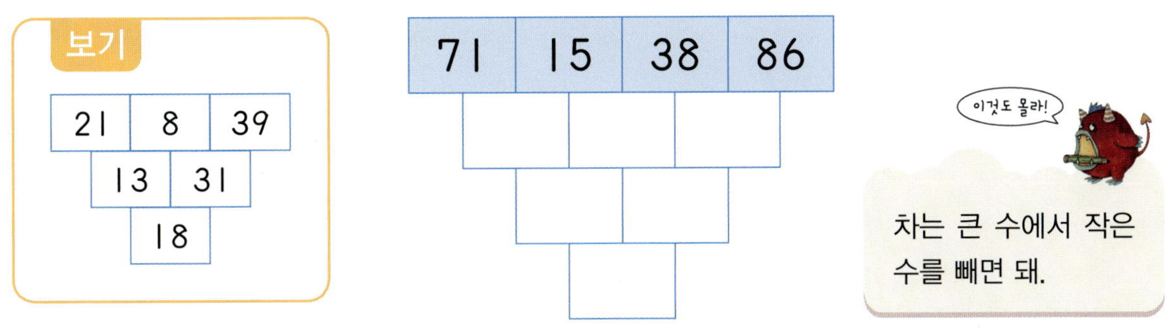

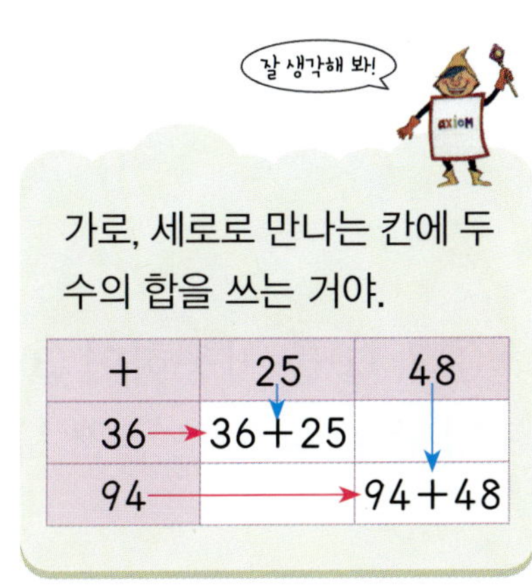

2 다음 덧셈표의 빈 곳에 알맞은 수를 써넣으시오.

+	25	48	172
36			
94			
207			

한 원 안의 수의 합이 모두 40이 되도록 빈 곳에 알맞은 수를 구해 봅시다.

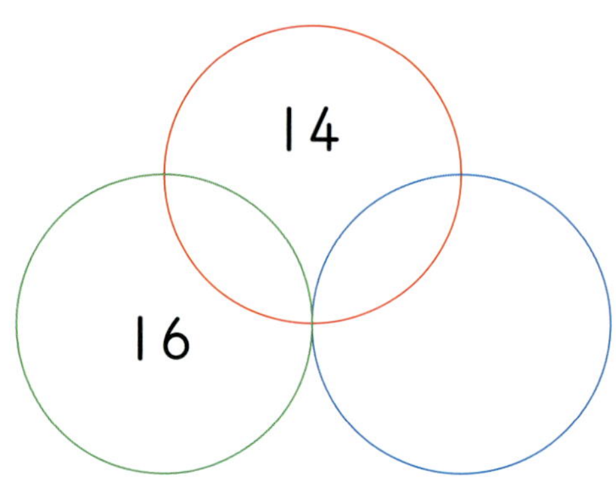

❶ 초록색 원의 빈 곳에 들어가는 수를 ①이라고 할 때, ①에 알맞은 수를 구하시오.

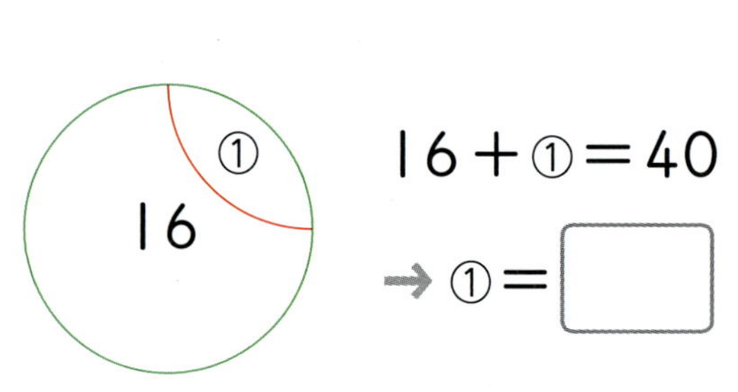

$16 + ① = 40$

→ ① = ☐

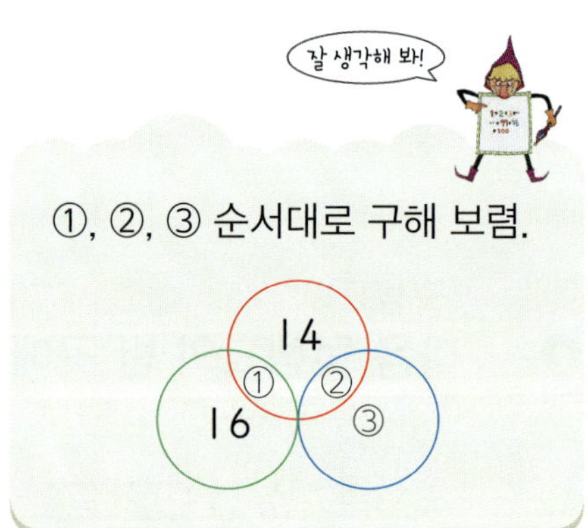

❷ ❶에서 구한 ①을 이용하여 ②에 알맞은 수를 구하시오.

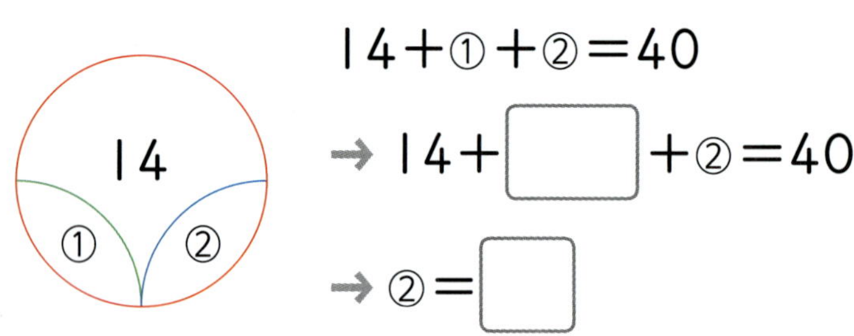

$14 + ① + ② = 40$

→ $14 +$ ☐ $+ ② = 40$

→ ② = ☐

❸ ①과 ②를 이용하여 ③에 알맞은 수를 구하고, 위 원의 빈 곳에
알맞은 수를 모두 쓰시오.

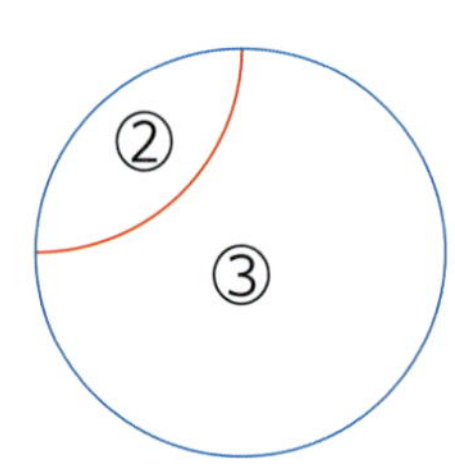

1 이웃한 두 수의 합 또는 차가   안의 수가 되도록 가로, 세로 방향으로 묶으시오.

❶ 합 35

16	25	11
29	9	30
7	26	8
14	20	30

❷ 차 27

7	20	38
18	46	10
38	55	42
41	14	26

2 초이가 다음 과녁판에 화살 5개를 쏘아 얻을 수 있는 점수가 아닌 것에 모두 ○ 표 하시오. (단, 화살은 모두 점수가 쓰인 부분을 맞혔습니다.)

식 완성하기

태경이가 만든 식에서 장난 요괴가 숫자 카드 2장을 서로 바꾸어 놓았습니다.

장난 요괴는 태경이가 만든 다른 식도 같은 방법으로 모두 바꾸었습니다.

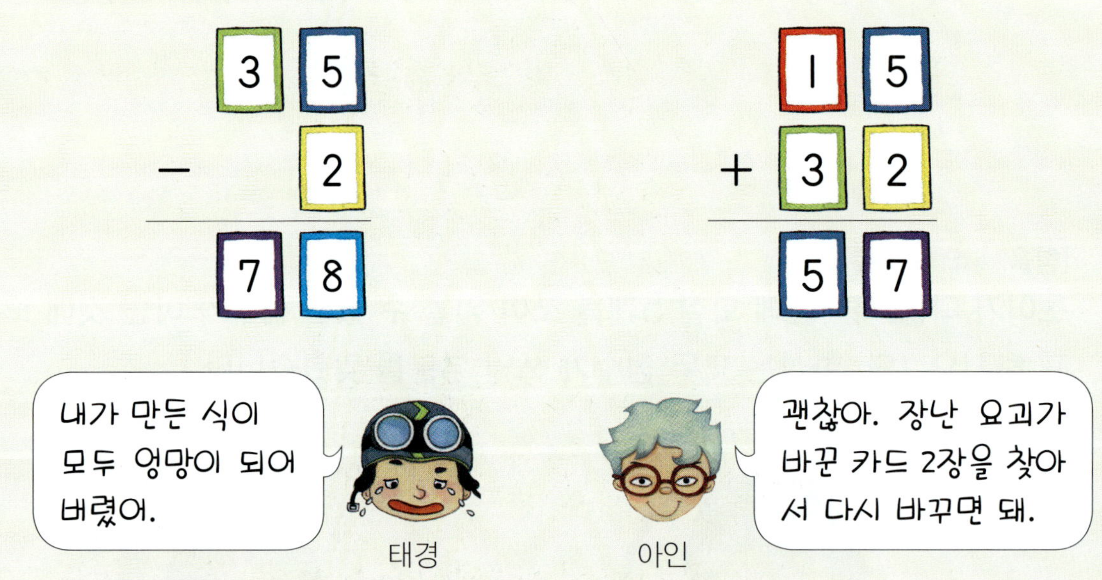

장난 요괴가 바꾼 카드 2장에 색칠하고, 태경이가 만든 원래의 식을 써 보시오.

보기 와 같이 숫자 하나를 지워서 올바른 식을 만들려고 합니다. 지워야 할 숫자에 ✕표 하시오.

보기

$$28 + 3\cancel{6} = 31$$

$$196 + 247 = 243$$

$$345 - 17 = 18$$

$$84 + 527 = 136$$

노크 포인트

☐ 안에 알맞은 수를 넣어 식을 완성하는 경우 덧셈식은 뺄셈식으로, 뺄셈식은 덧셈식으로 바꾸어 해결합니다.

9 ☐		☐ 4		☐ 5	4 7
− 7 6	➡	+ 7 6		− 2 ☐	+ 2 ☐8
☐ 4		9 ☐0		4 7	☐7 5

식 복원하기

초이가 숫자 카드로 만든 식을 장난 요괴가 모두 흩어 놓았습니다. 흩어져 있는 숫자 카드로 초이가 만든 원래의 식을 만들어 봅시다.

❶ 흩어진 숫자 카드로 십의 자리에 수를 써넣는 방법은 **3**가지가 있습니다. ☐ 안에 알맞은 수를 써넣으시오. (단, 더하는 수와 더해지는 수의 순서가 바뀌어도 같은 방법으로 봅니다.)

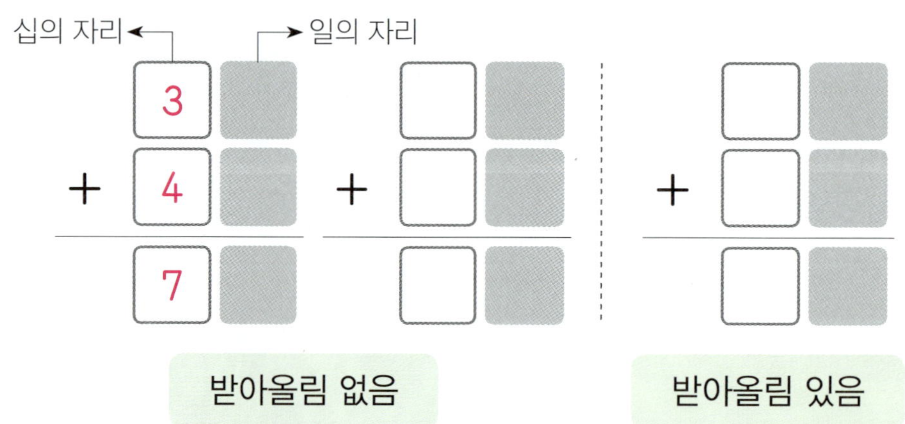

❷ 나머지 숫자 카드의 수를 써넣어 올바른 식이 되는 것을 찾아 초이가 만든 식을 완성하시오.

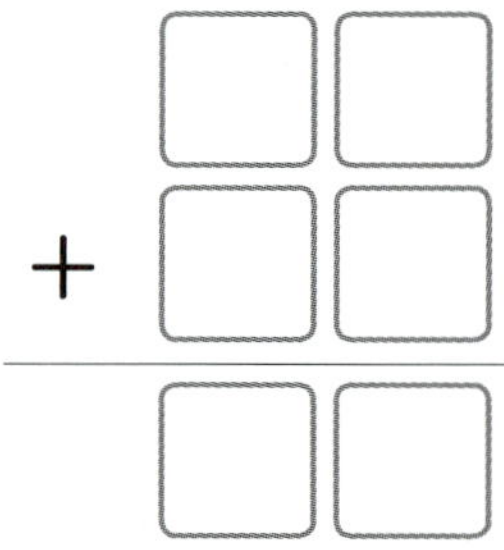

1 다음 □ 안에 알맞은 수를 써넣어 식을 완성하시오.

❶

$$\begin{array}{r} 7\ \square \\ +\ 2\ 9 \\ \hline \square\ \square\ 2 \end{array}$$

❷

$$\begin{array}{r} \square\ 1 \\ -\ 1\ \square \\ \hline 4\ 7 \end{array}$$

[식 완성]

2 주어진 숫자 카드를 모두 한 번씩 사용하여 식을 완성하시오.　준비물 숫자 카드

❶
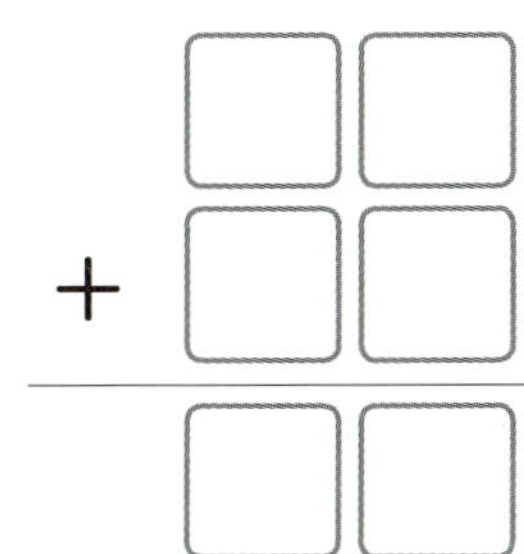

$$\begin{array}{r} \square\ \square \\ +\ \square\ \square \\ \hline \square\ \square \end{array}$$

❷
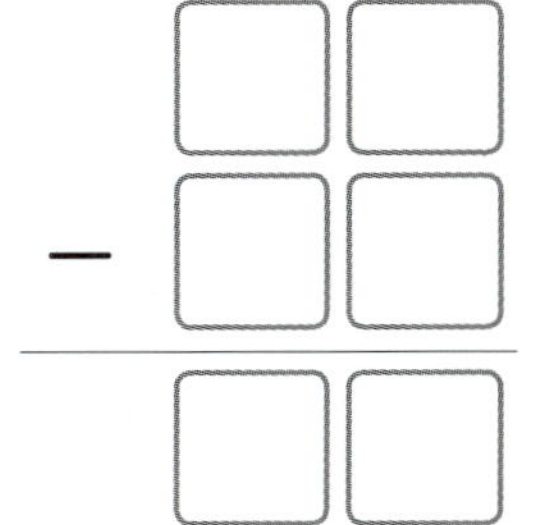

$$\begin{array}{r} \square\ \square \\ -\ \square\ \square \\ \hline \square\ \square \end{array}$$

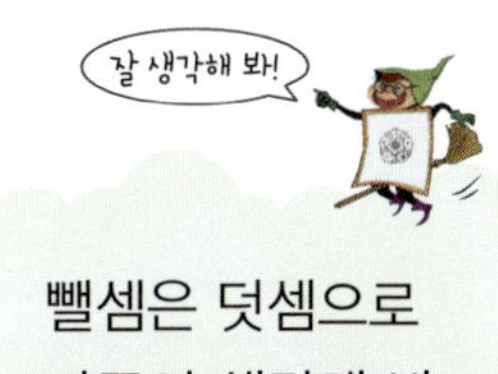

식 추리하기

주머니 안에 숫자 구슬이 들어 있습니다. 숫자 구슬을 한 번씩 모두 사용하여 올바른
계산식을 만들어 봅시다.

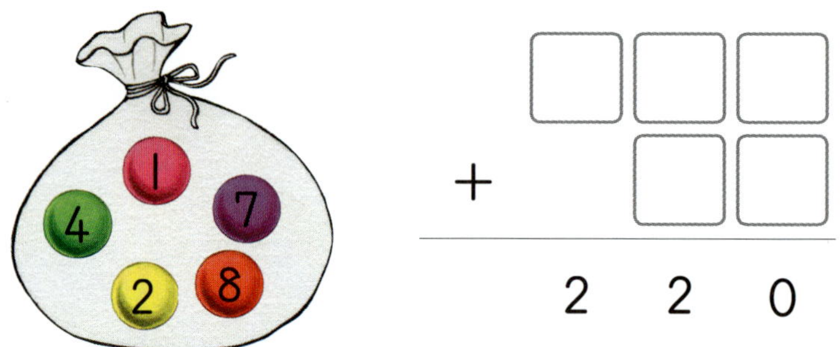

❶ 위 식의 일의 자리에 들어갈 숫자 **2**개를 ☐ 안에
써넣으시오.

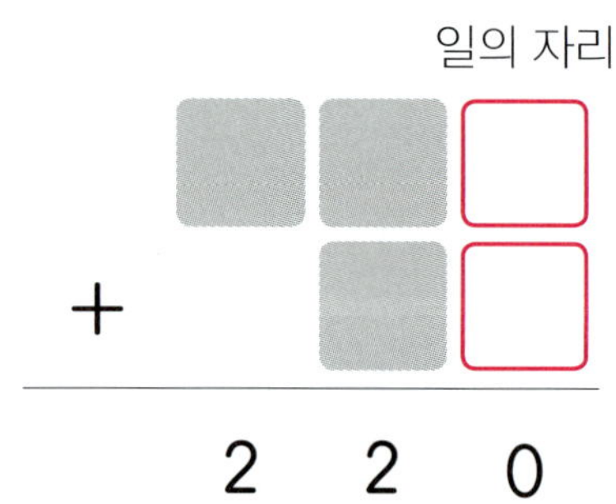

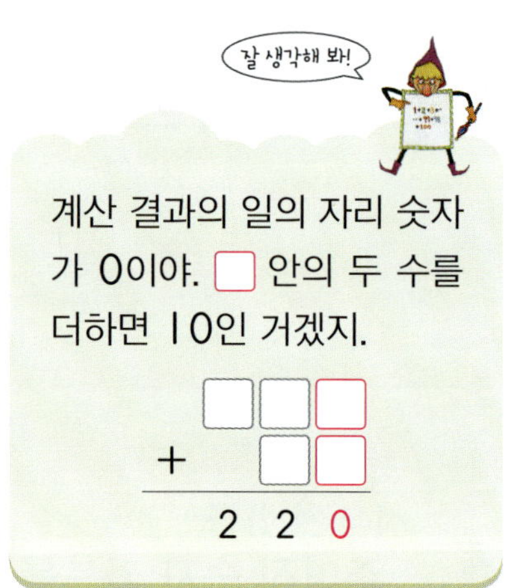

❷ **2**와 **8**은 일의 자리에 사용하였습니다. 나머지 숫
자 중 백의 자리에 들어갈 숫자를 써넣으시오.

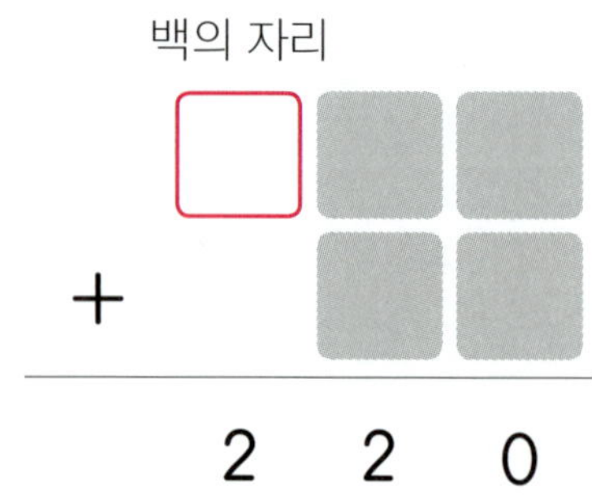

❸ 남은 두 숫자는 십의 자리에 들어갑니다. 식을 완성하시오.

[같은 숫자 다른 식]

1 주어진 숫자 카드를 한 번씩 모두 사용하여 다음 식을 완성하시오.

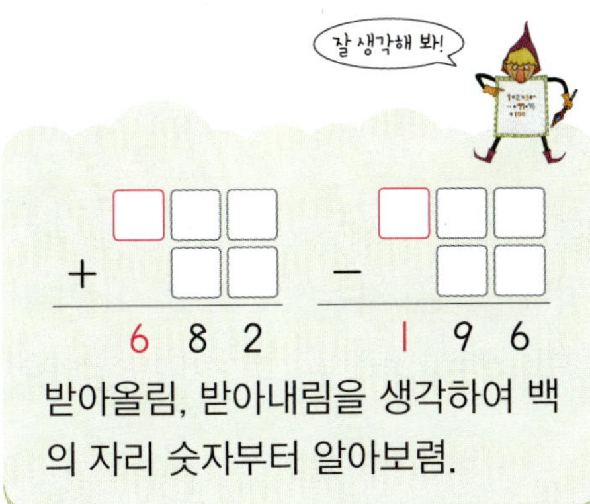

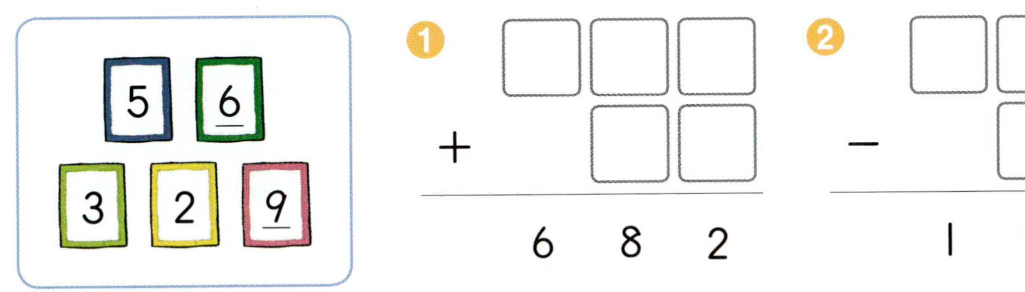

[덧셈식 완성하기]

2 주어진 숫자 카드를 한 번씩 빈칸에 모두 사용하여 식을 완성하시오.

$$\boxed{}\ 4\ \boxed{} + \boxed{}\ \boxed{}\ 7 = 4\ \boxed{}\ 2$$

가장 큰 값, 가장 작은 값

아인이는 꼬마 요괴가 지키는 성문을 지나가려고 합니다.
성문을 지키는 요괴는 아인이에게 숫자 구슬을 한 번씩 사용하여 만들 수 있는 식
(두 자리 수)+(두 자리 수)의 계산 결과만큼 통행료를 내야 한다고 하였습니다.

4개의 구슬로 계산 결과가 서로 다른 식을 만든 것입니다. 아인이가 통행료를 가장 적
게 내려고 할 때 내야 하는 금액은 얼마입니까?

	8	1
+	5	3

	1	3
+	8	5

	1	3
+	5	8

	1	5
+	3	8

정답 및 해설

누구나
쉽고 재미있게

사고력 수학

노크

B5
(9~10세)

연산

덧셈, 뺄셈

① 합과 차

초이, 태경, 지오가 양궁 시합을 하였습니다. 화살을 2번 쏘아서 점수가 가장 높은 태경이가 1등, 초이가 2등, 지오가 3등을 하였습니다.

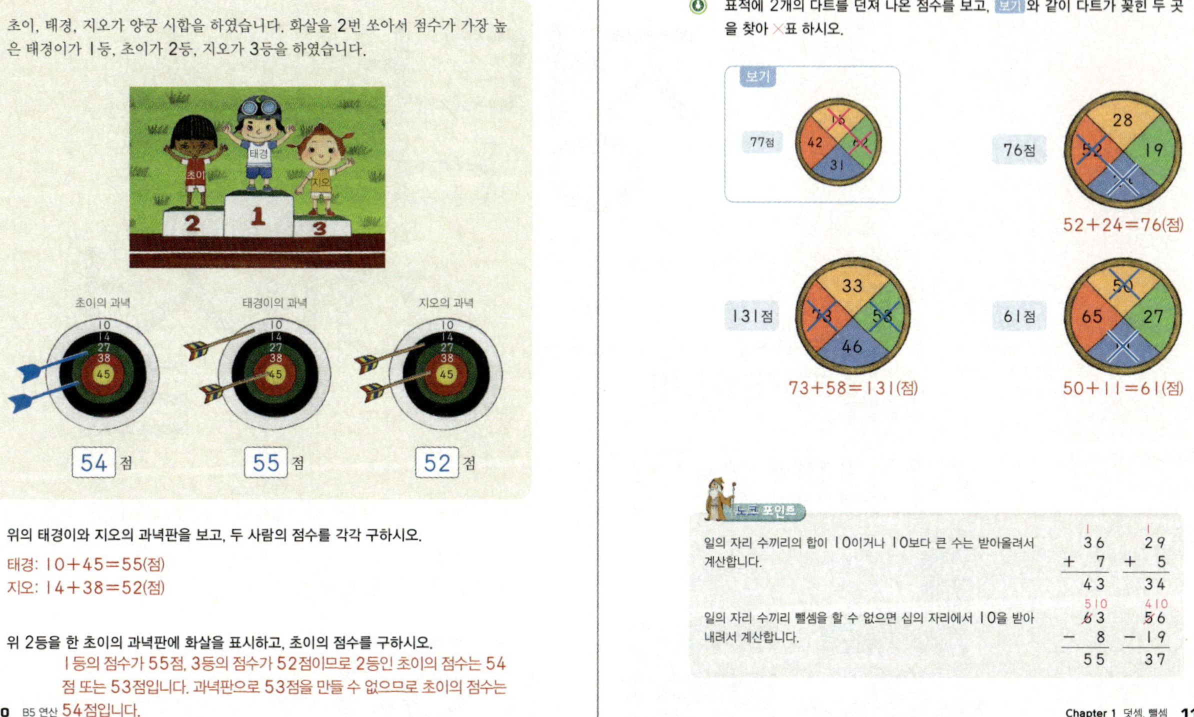

위의 태경이와 지오의 과녁판을 보고, 두 사람의 점수를 각각 구하시오.

태경: $10+45=55$(점)
지오: $14+38=52$(점)

위 2등을 한 초이의 과녁판에 화살을 표시하고, 초이의 점수를 구하시오.

1등의 점수가 55점, 3등의 점수가 52점이므로 2등인 초이의 점수는 54점 또는 53점입니다. 과녁판으로 53점을 만들 수 없으므로 초이의 점수는 54점입니다.
$27+27=54$(점)

---

❶ 표적에 2개의 다트를 던져 나온 점수를 보고, 보기 와 같이 다트가 꽂힌 두 곳을 찾아 ×표 하시오.

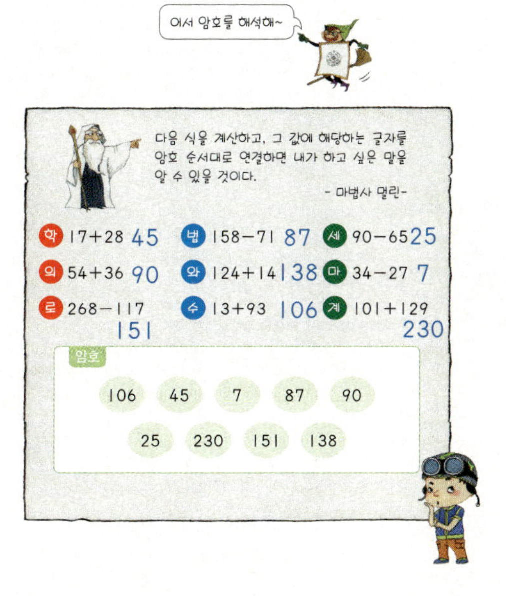

 포인트

일의 자리 수끼리의 합이 10이거나 10보다 큰 수는 받아올려서 계산합니다.

$$\begin{array}{r}1\\36\\+\ 7\\\hline 43\end{array} \qquad \begin{array}{r}1\\29\\+\ 5\\\hline 34\end{array}$$

일의 자리 수끼리 뺄셈을 할 수 없으면 십의 자리에서 10을 받아내려서 계산합니다.

$$\begin{array}{r}5\ 10\\6\ 3\\-\ \ 8\\\hline 55\end{array} \qquad \begin{array}{r}4\ 10\\5\ 6\\-\ 19\\\hline 37\end{array}$$

더하기, 빼기

태경이는 수학 요정이 전해주는 편지 한 장을 받았습니다. 편지는 연산 암호로 되어 있습니다. 암호를 해석하여 편지의 내용을 알아봅시다. 수학 마법의 세계로 와

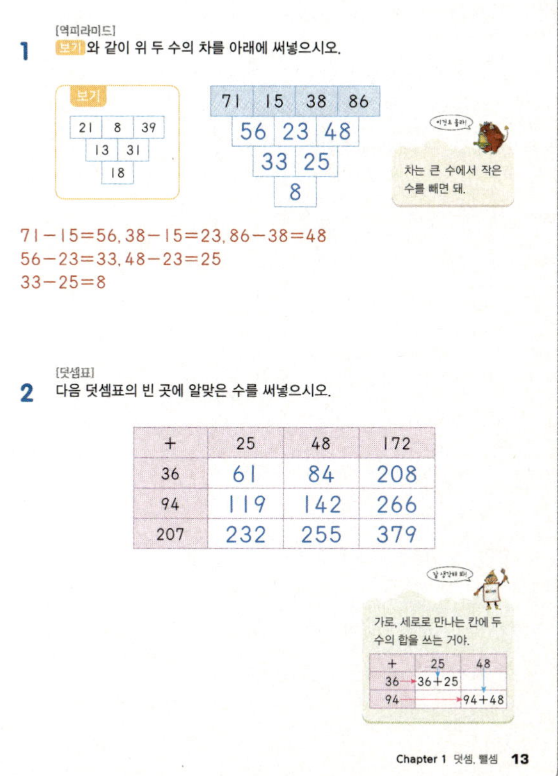

[역피라미드]

1 보기 와 같이 위 두 수의 차를 아래에 써넣으시오.

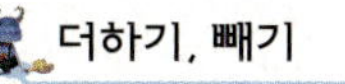

$71-15=56, 38-15=23, 86-38=48$
$56-23=33, 48-23=25$
$33-25=8$

[덧셈표]

2 다음 덧셈표의 빈 곳에 알맞은 수를 써넣으시오.

+	25	48	172
36	61	84	208
94	119	142	266
207	232	255	379

가로, 세로로 만나는 칸에 두 수의 합을 쓰는 거야.

+	25	48
36	→36＋25	
94		→94＋48

---

2 B5 연산

계산값 보고 찾기

한 원 안의 수의 합이 모두 40이 되도록 빈 곳에 알맞은 수를 구해 봅시다.

❶ 초록색 원의 빈 곳에 들어가는 수를 ①이라고 할 때, ①에 알맞은 수를 구하시오.

$16+①=40$
$→①= \boxed{24}$
$①=40-16=24$

❷ ❶에서 구한 ①을 이용하여 ②에 알맞은 수를 구하시오.

$14+①+②=40$
$→14+ \boxed{24} +②=40$
$→②= \boxed{2}$
$②=40-14-24=2$

❸ ①과 ②를 이용하여 ③에 알맞은 수를 구하고, 위 원의 빈 곳에 알맞은 수를 모두 쓰시오. 38
$②+③=40 → 2+③=40 → ③=38$

[합, 차 묶기]

1 이웃한 두 수의 합 또는 차가 ◯ 안의 수가 되도록 가로, 세로 방향으로 묶으시오.

❶ 합 35

16	25	11
29	9	30
7	26	8
14	20	30

❷ 차 27

7	20	38
18	46	10
38	55	42
41	14	26

[얻을 수 없는 점수]

2 초이가 다음 과녁판에 화살 5개를 쏘아 얻을 수 있는 점수가 아닌 것에 모두 ◯표 하시오. (단, 화살은 모두 점수가 쓰인 부분을 맞혔습니다.)

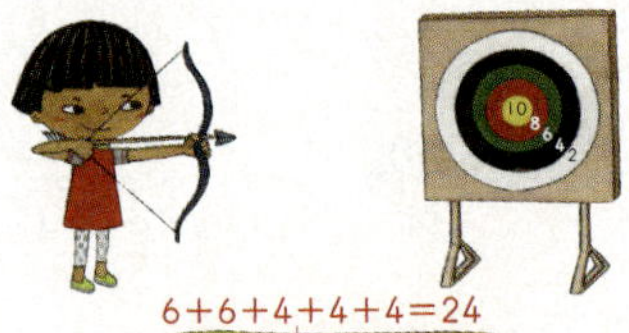

$6+6+4+4+4=24$

6 24 37 42

$10+10+10+8+4=42$

과녁판의 점수가 모두 짝수이므로 홀수인 37점은 나올 수가 없습니다. 가장 낮은 점수가 2점이므로 최저 점수는 10점입니다. 10점보다 낮은 점수는 나올 수가 없으므로 6점은 나올 수 없습니다.

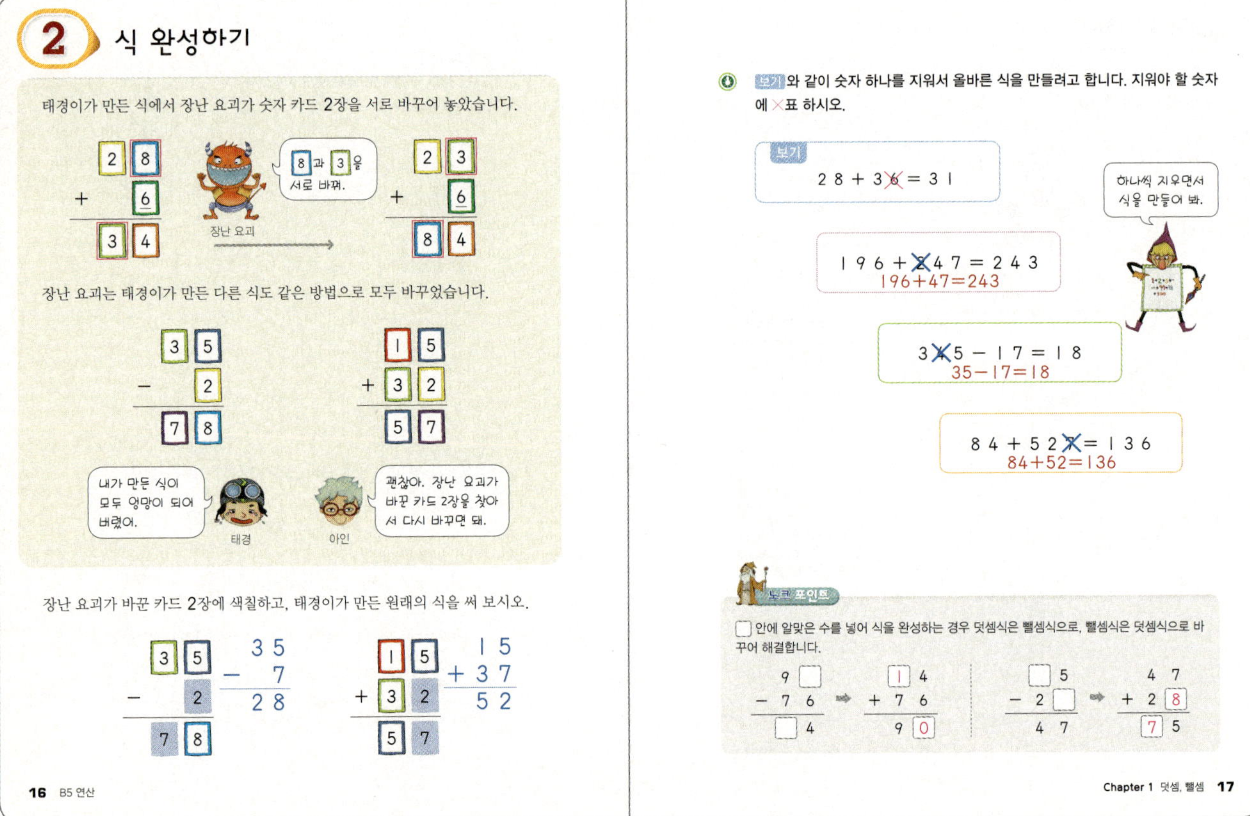

② 식 완성하기

태경이가 만든 식에서 장난 요괴가 숫자 카드 2장을 서로 바꾸어 놓았습니다.

장난 요괴는 태경이가 만든 다른 식도 같은 방법으로 모두 바꾸었습니다.

장난 요괴가 바꾼 카드 2장에 색칠하고, 태경이가 만든 원래의 식을 써 보시오.

$$\begin{array}{r} 35 \\ -\ \ 7 \\ \hline 28 \end{array} \qquad \begin{array}{r} 15 \\ +37 \\ \hline 52 \end{array}$$

❶ 보기와 같이 숫자 하나를 지워서 올바른 식을 만들려고 합니다. 지워야 할 숫자에 ×표 하시오.

보기
$2 8 + 3✕ = 3 1$

$1 9 6 + ✕ 4 7 = 2 4 3$
$196+47=243$

$3✕5 - 1 7 = 1 8$
$35-17=18$

$8 4 + 5 2✕ = 1 3 6$
$84+52=136$

노크 포인트

◯ 안에 알맞은 수를 넣어 식을 완성하는 경우 덧셈식은 뺄셈식으로, 뺄셈식은 덧셈식으로 바꾸어 해결합니다.

$$\begin{array}{r} 9 \ \square \\ -\ 7\ 6 \\ \hline \square\ 4 \end{array} \Rightarrow \begin{array}{r} 1\ 4 \\ +\ 7\ 6 \\ \hline 9\ 0 \end{array} \qquad \begin{array}{r} \square\ 5 \\ -\ 2\ \square \\ \hline 4\ 7 \end{array} \Rightarrow \begin{array}{r} 4\ 7 \\ +\ 2\ 8 \\ \hline 7\ 5 \end{array}$$

정답 및 해설 **3**

🔨 식 복원하기

초이가 숫자 카드로 만든 식을 장난 요괴가 모두 흩어 놓았습니다. 흩어져 있는 숫자 카드로 초이가 만든 원래의 식을 만들어 봅시다.

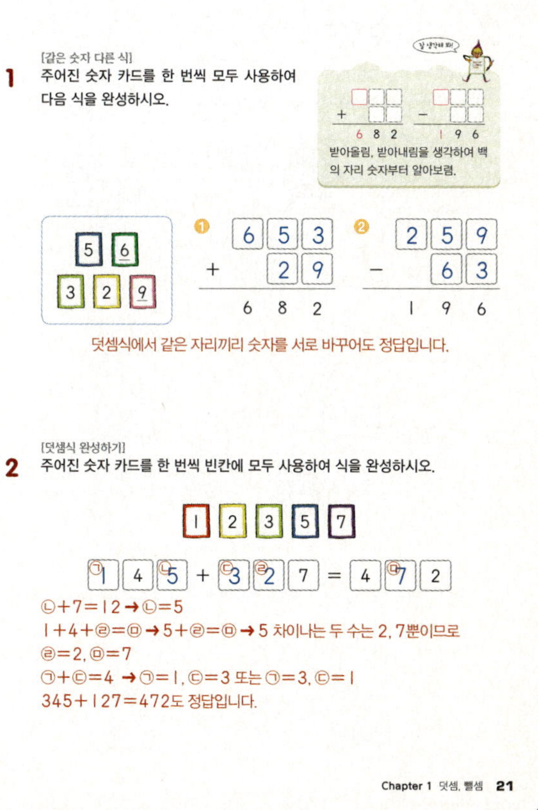

❶ 흩어진 숫자 카드로 십의 자리에 수를 써넣는 방법은 3가지가 있습니다. ☐ 안에 알맞은 수를 써넣으시오. (단, 더하는 수와 더해지는 수의 순서가 바뀌어도 같은 방법으로 봅니다.)

십의 자리 ┐ ┌ 일의 자리

$$3 + 4 = 7 \quad 3 + 6 = 9 \quad 3 + 4 = 8$$

받아올림 없음   받아올림 있음

십의 자리 계산은 10을 넘지 않아. 그렇다면 3+4=7과 같이 받아올림이 없는 것 2가지, 받아올림이 있는 것 1가지로 모두 3가지 방법이 있군.

❷ 나머지 숫자 카드의 수를 써넣어 올바른 식이 되는 것을 찾아 초이가 만든 식을 완성하시오.

$$\begin{array}{r} 3\,9 \\ +\ 4\,7 \\ \hline 8\,6 \end{array}$$

37+49=86, 49+37=86, 47+39=86도 정답입니다.

[☐ 안의 수]

1 다음 ☐ 안에 알맞은 수를 써넣어 식을 완성하시오.

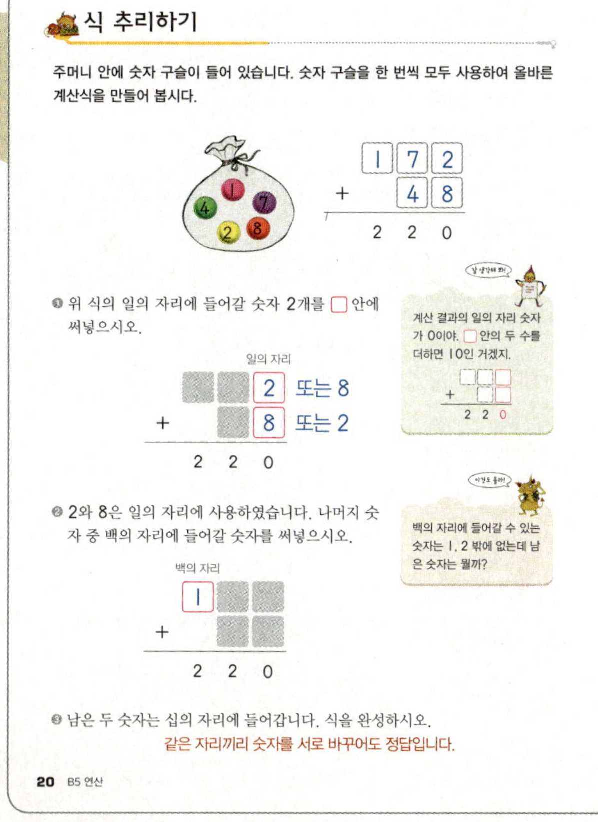

❶
$$\begin{array}{r} 7\,③ \\ +\ 2\,9 \\ \hline ①\,0\,2 \end{array}$$

❷
$$\begin{array}{r} ⑥\,1 \\ -\ 1\,④ \\ \hline 4\,7 \end{array}$$

㉠+9=12
→ ㉠=3
1+7+2=10
→ ㉡=1, ㉢=0

11−㉡=7
→ ㉡=4
㉠−1−1=4
→ ㉠=6

받아올림, 받아내림을 생각하며 일의 자리부터 찾아봐야지!!

[식 완성]

2 주어진 숫자 카드를 모두 한 번씩 사용하여 식을 완성하시오.   준비물 숫자 카드

❶ 1 2 4 / 5 6 9
❷ 1 3 5 / 6 7 9

$$\begin{array}{r} 1\,6 \\ +\ 2\,9 \\ \hline 4\,5 \end{array} \qquad \begin{array}{r} 5\,6 \\ -\ 3\,9 \\ \hline 1\,7 \end{array}$$

빼셈은 덧셈으로 바꾸어 생각해 봐.

19+26=45,
26+19=45,
29+16=45도 정답입니다.

56−17=39,
56−37=19,
56−19=37도 정답입니다.

🐛 식 추리하기

주머니 안에 숫자 구슬이 들어 있습니다. 숫자 구슬을 한 번씩 모두 사용하여 올바른 계산식을 만들어 봅시다.

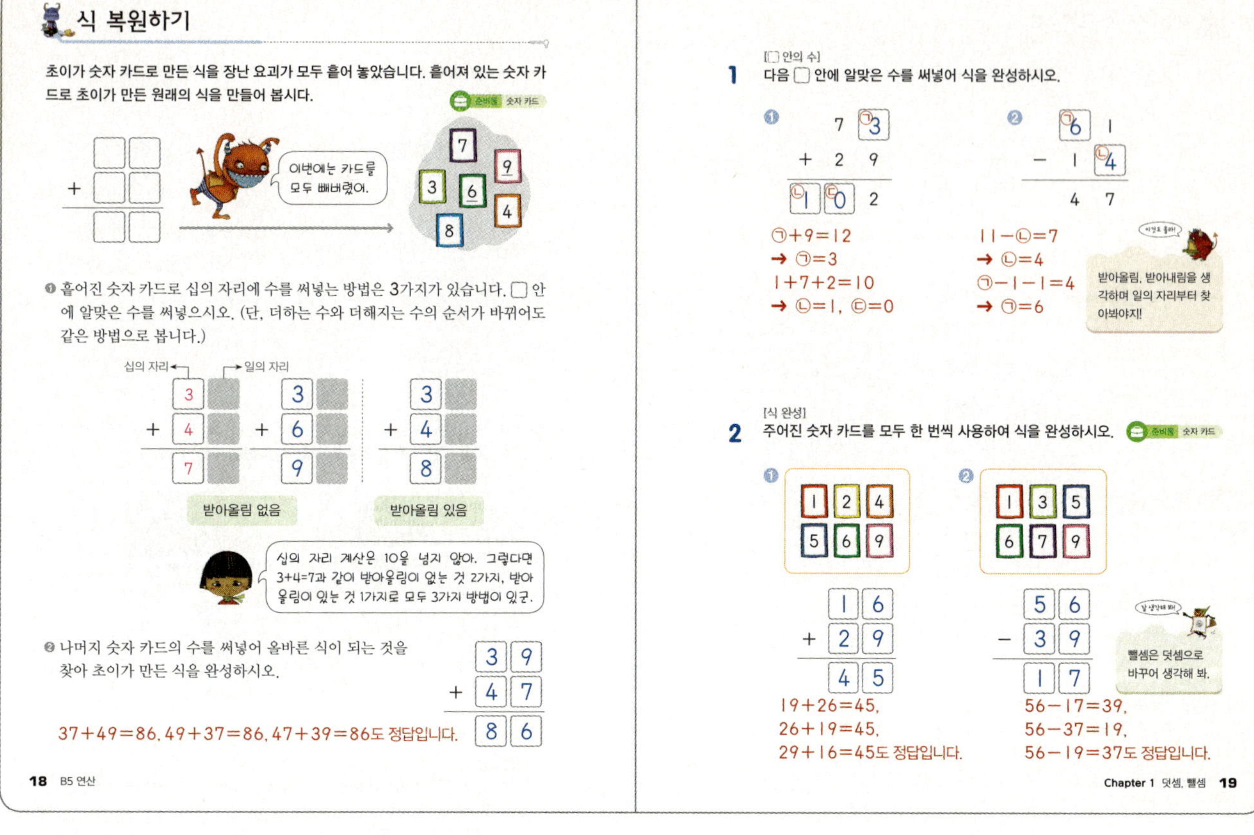

$$\begin{array}{r} 1\,7\,2 \\ +\ \ \ 4\,8 \\ \hline 2\,2\,0 \end{array}$$

❶ 위 식의 일의 자리에 들어갈 숫자 2개를 ☐ 안에 써넣으시오.

일의 자리

$$\begin{array}{r} \boxed{2} \text{ 또는 } 8 \\ +\ \boxed{8} \text{ 또는 } 2 \\ \hline 2\,2\,0 \end{array}$$

계산 결과의 일의 자리 숫자가 0이야. ☐ 안의 두 수를 더하면 10인 거겠지.

❷ 2와 8은 일의 자리에 사용하였습니다. 나머지 숫자 중 백의 자리에 들어갈 숫자를 써넣으시오.

백의 자리

$$\begin{array}{r} \boxed{1} \\ + \\ \hline 2\,2\,0 \end{array}$$

백의 자리에 들어갈 수 있는 숫자는 1, 2 밖에 없는데 남은 숫자는 뭘까?

❸ 남은 두 숫자는 십의 자리에 들어갑니다. 식을 완성하시오.
같은 자리끼리 숫자를 서로 바꾸어도 정답입니다.

[같은 숫자 다른 식]

1 주어진 숫자 카드를 한 번씩 모두 사용하여 다음 식을 완성하시오.

$$\begin{array}{r} 6\,8\,2 \\ -\ 1\,9\,6 \end{array}$$

받아올림, 받아내림을 생각하여 백의 자리 숫자부터 알아보름.

5 6 / 3 2 9

❶
$$\begin{array}{r} 6\,5\,3 \\ +\ \ \ 2\,9 \\ \hline 6\,8\,2 \end{array}$$

❷
$$\begin{array}{r} 2\,5\,9 \\ -\ \ \ 6\,3 \\ \hline 1\,9\,6 \end{array}$$

덧셈식에서 같은 자리끼리 숫자를 서로 바꾸어도 정답입니다.

[덧셈식 완성하기]

2 주어진 숫자 카드를 한 번씩 빈칸에 모두 사용하여 식을 완성하시오.

1 2 3 5 7

$$1\,4\,5 + 3\,2\,7 = 4\,7\,2$$

㉡+7=12 → ㉡=5
1+4+㉣=㉤ → 5+㉣=㉤ → 5 차이나는 두 수는 2, 7뿐이므로
㉣=2, ㉤=7
㉠+㉢=4 → ㉠=1, ㉢=3 또는 ㉠=3, ㉢=1
345+127=472도 정답입니다.

---

4 B5 연산

③ 가장 큰 값, 가장 작은 값

아인이는 꼬마 요괴가 지키는 성문을 지나가려고 합니다.
성문을 지키는 요괴는 아인이에게 숫자 구슬을 한 번씩 사용하여 만들 수 있는 식
(두 자리 수)+(두 자리 수)의 계산 결과만큼 통행료를 내야 한다고 하였습니다.

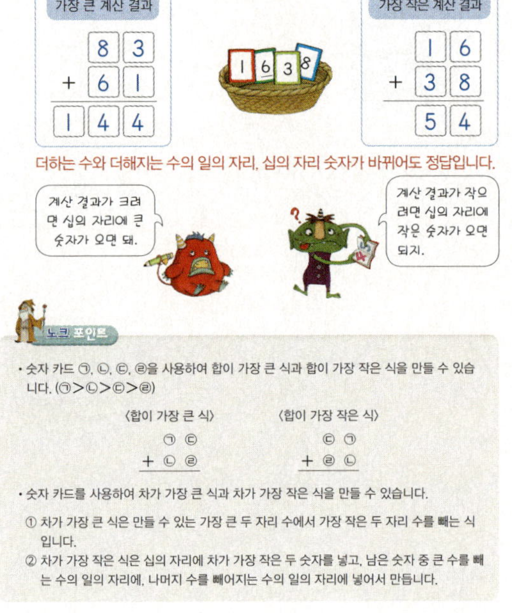

4개의 구슬로 계산 결과가 서로 다른 식을 만든 것입니다. 아인이가 통행료를 가장 적게 내려고 할 때 내야 하는 금액은 얼마입니까? 53

$$8\;1 + 5\;3 = 1\;3\;4$$

$$1\;3 + 8\;5 = 9\;8$$

$$1\;3 + 5\;8 = 7\;1$$

$$1\;5 + 3\;8 = 5\;3$$

숫자 카드를 한 번씩 모두 사용하여 다음 덧셈식을 만들려고 합니다. 계산 결과가 가장 큰 식과 가장 작은 식을 만들고, 각각 계산하시오.

가장 큰 계산 결과
$$8\;3 + 6\;1 = 1\;4\;4$$

가장 작은 계산 결과
$$1\;6 + 3\;8 = 5\;4$$

더하는 수와 더해지는 수의 일의 자리, 십의 자리 숫자가 바뀌어도 정답입니다.

노크 포인트

• 숫자 카드 ㉠, ㉡, ㉢, ㉣을 사용하여 합이 가장 큰 식과 합이 가장 작은 식을 만들 수 있습니다. (㉠>㉡>㉢>㉣)

〈합이 가장 큰 식〉
㉠ ㉢
+ ㉡ ㉣

〈합이 가장 작은 식〉
㉢ ㉠
+ ㉣ ㉡

• 숫자 카드를 사용하여 차가 가장 큰 식과 차가 가장 작은 식을 만들 수 있습니다.

① 차가 가장 큰 식은 만들 수 있는 가장 큰 두 자리 수에서 가장 작은 두 자리 수를 빼는 식입니다.
② 차가 가장 작은 식은 십의 자리에 차가 가장 작은 두 숫자를 넣고, 남은 숫자 중 큰 수를 빼는 수의 일의 자리에, 나머지 수를 빼어지는 수의 일의 자리에 넣어서 만듭니다.

가장 큰 차, 가장 작은 차

숫자 카드 중 4장을 골라 한 번씩만 사용하여 다음 식을 만들려고 합니다. 차가 가장 작은 식을 만들었을 때의 계산 결과를 알아봅시다.

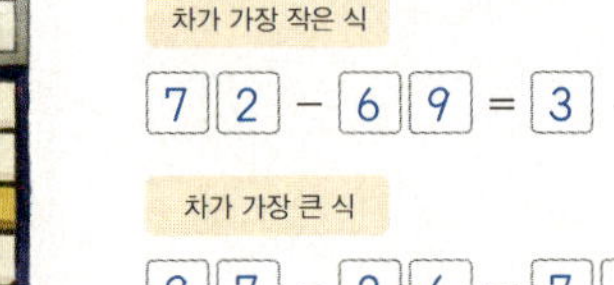

차가 가장 작은 식

❶ 차가 가장 작은 식의 십의 자리에는 차가 가장 작은 두 수가 들어가야 합니다. 십의 자리에 들어갈 수 있는 숫자를 모두 고르시오.

(1 , 2), (5 , 6)

❷ ❶의 두 가지 경우의 숫자를 십의 자리에 넣어 두 가지 식을 만듭니다. 십의 자리에 넣은 숫자를 뺀 남은 숫자 중 가장 작은 숫자를 □에, 가장 큰 숫자를 □에 넣어 식을 완성하고, 계산 결과를 각각 구하시오.

(1 , 2)
$$2\;5 - 1\;9 = 6$$

(5 , 6)
$$6\;1 - 5\;9 = 2$$

❸ ❷의 두 가지 경우 중 더 작은 계산 결과는 무엇입니까? 2

[계산기]

1 지오는 계산기를 사용하여 차가 가장 작은 식과 차가 가장 큰 식을 계산하였습니다. 색칠한 버튼만 눌러 계산하였다고 할 때, 지오가 계산한 식을 쓰시오.

차가 가장 작은 식
$$7\;2 - 6\;9 = 3$$

차가 가장 큰 식
$$9\;7 - 2\;6 = 7\;1$$

만들 수 있는 가장 큰 두 자리 수에서 가장 작은 두 자리 수를 빼면 차가 가장 큰 식이 만들어진단다.

2, 6, 7, 9 중 차가 가장 작은 두 수는 6, 7이므로 7□−6□입니다. 남은 2, 9 중 작은 수인 2를 빼어지는 수 일의 자리에, 큰 수인 9를 빼는 수 일의 자리에 넣으면 72−69=3입니다.

[퍼즐]

2 주어진 숫자 카드 중 4장을 한 번씩 사용하여 식 (두 자리 수)−(두 자리 수)를 만들었습니다. 계산 결과가 가장 큰 경우의 값과 가장 작은 경우의 값을 찾아 색칠하시오.

차가 가장 큰 경우: 98−13=85
차가 가장 작은 경우: 81−79=2

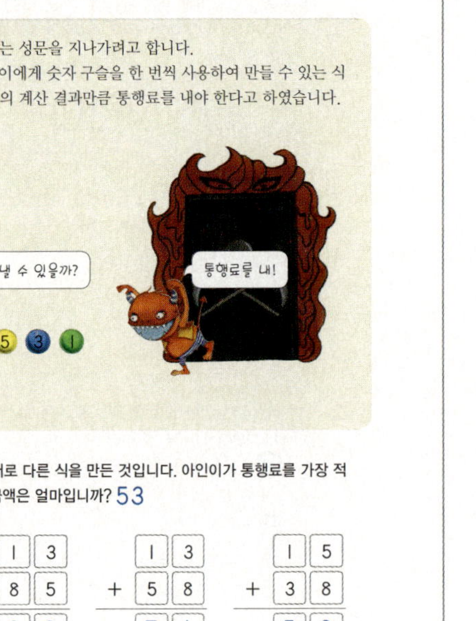

가장 크게, 가장 작게

마법 나라에는 마법의 비법이 들어 있는 금고가 있습니다. 금고의 비밀 번호는 1부터 6까지의 숫자를 한 번씩 모두 사용하여 만든 다음 식의 계산 결과가 가장 클 때의 값입니다. 비밀 번호를 알아봅시다.

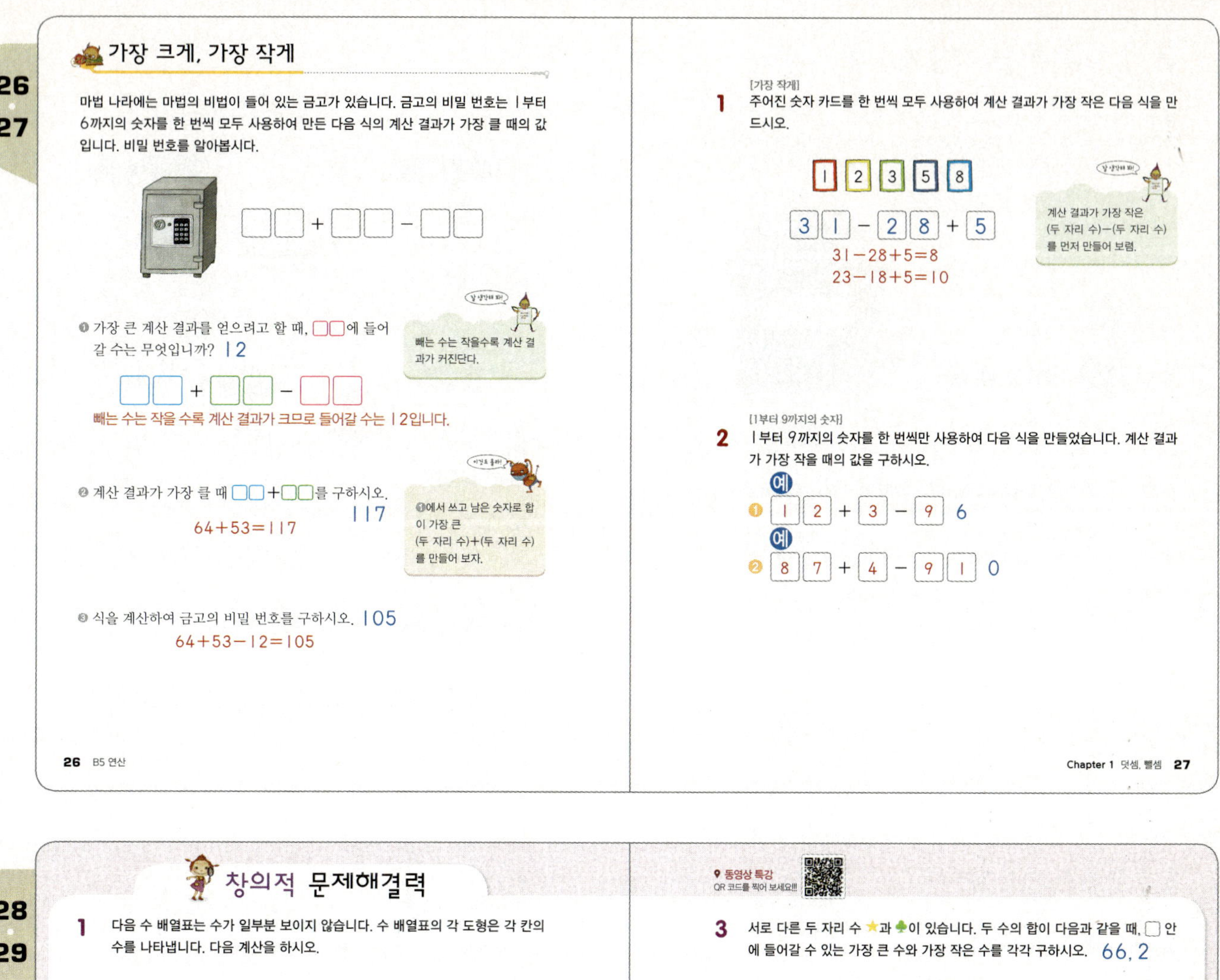

□□ + □□ − □□

❶ 가장 큰 계산 결과를 얻으려고 할 때, □□에 들어갈 수는 무엇입니까? 12

빼는 수는 작을수록 계산 결과가 커진단다.

□□ + □□ − □□

빼는 수는 작을 수록 계산 결과가 크므로 들어갈 수는 12입니다.

❷ 계산 결과가 가장 클 때 □□+□□를 구하시오. 117

❶에서 쓰고 남은 숫자로 합이 가장 큰 (두 자리 수)+(두 자리 수)를 만들어 보자.

64+53=117

❸ 식을 계산하여 금고의 비밀 번호를 구하시오. 105

64+53−12=105

[가장 작게]

1 주어진 숫자 카드를 한 번씩 모두 사용하여 계산 결과가 가장 작은 다음 식을 만드시오.

1 2 3 5 8

31 − 28 + 5

31−28+5=8
23−18+5=10

계산 결과가 가장 작은 (두 자리 수)−(두 자리 수)를 먼저 만들어 보렴.

[1부터 9까지의 숫자]

2 1부터 9까지의 숫자를 한 번씩만 사용하여 다음 식을 만들었습니다. 계산 결과가 가장 작을 때의 값을 구하시오.

예
❶ 1 2 + 3 − 9   6

예
❷ 8 7 + 4 − 9 1   0

창의적 문제해결력

1 다음 수 배열표는 수가 일부분 보이지 않습니다. 수 배열표의 각 도형은 각 칸의 수를 나타냅니다. 다음 계산을 하시오.

21	♣=22			
		♦=34		40
			45	♠=49
	53		♥=56	58

❶ ♣+♦−♠   7
22+34−49=7

❷ ♥−♣+♠   83
56−22+49=83

2 다음 식의 계산 결과가 100이 되도록 숫자 5개를 0으로 바꾸어 보시오. (단, 십의 자리에도 0이 들어갈 수 있습니다.)

11 + 22 + 33 + 44 + 55 + 66

11 + 02 + 33 + 04 + 50 + 00

01+22+33+44+00+00 등 여러 가지 정답이 있습니다.

📍 동영상 특강
QR 코드를 찍어 보세요!!!

3 서로 다른 두 자리 수 ★과 ♣이 있습니다. 두 수의 합이 다음과 같을 때, □ 안에 들어갈 수 있는 가장 큰 수와 가장 작은 수를 각각 구하시오. 66, 2

★+♣=86

★−♣=□

〈가장 큰 경우〉　〈가장 작은 경우〉
76+10=86　　44+42=86
76−10=66　　44−42=2

4 숫자 카드를 한 번씩 모두 사용하여 식 (세 자리 수)−(세 자리 수)를 만들려고 합니다. 계산 결과가 가장 큰 식과 가장 작은 식을 만드시오.

1 3 5 7 8 9

[차가 가장 큰 식]　　[차가 가장 작은 식]

　9 8 7　　　　　8 1 3
− 1 3 5　　　 − 7 9 5
　8 5 2　　　　　　1 8

차가 가장 작은 (세 자리 수)−(세 자리 수)를 만들 때에는 차가 가장 작은 두 숫자를 백의 자리에 쓰고, 나머지 수를 사용하여 만들 수 있는 가장 작은 두 자리 수를 빼어지는 수의 끝 두 자리에, 가장 큰 두 자리 수를 빼는 수의 끝 두 자리에 씁니다.

6 B5 연산

곱셈구구

④ 곱셈구구

주먹구구법은 중세 유럽에서 사용되던 것으로 지금도 프랑스 일부 지방의 농부들은 이 방법을 사용합니다. 주먹구구법은 5보다 큰 수의 곱을 손가락을 사용하여 구합니다.

① 6부터 9까지의 수를 다음과 같이 손으로 나타내는 것을 약속합니다.

6   7   8   9

② 곱하는 두 수를 양손을 사용하여 각각 나타냅니다.

8×6

8   6

③ 양손의 접은 손가락의 개수의 합을 계산 결과의 십의 자리에 씁니다.

④ 양손의 편 손가락의 개수의 곱을 계산 결과의 일의 자리에 씁니다.

접은 손가락 개수의 합 : $3+1=4$

편 손가락 개수의 곱 : $2×4=8$

$8×6=48$

주먹구구법을 사용하여 다음 곱셈을 해 보시오.

곱셈	접은 손가락 개수의 합	편 손가락 개수의 곱	계산 결과
7×9	$2+4=6$	$3×1=3$	63
8×8	$3+3=6$	$2×2=4$	64
6×9	$1+4=5$	$4×1=4$	54

노크 포인트

곱셈구구에서 각 단의 곱은 여러 가지 특징을 가지고 있습니다.

① 2의 단, 4의 단, 6의 단, 8의 단의 곱은 모두 짝수입니다.
② 1의 단, 3의 단, 5의 단, 7의 단, 9의 단의 곱은 홀수, 짝수가 반복됩니다.
③ 5의 단은 곱의 일의 자리 숫자가 5 또는 0입니다.
④ 9의 단은 곱의 일의 자리 숫자가 9부터 1까지로 모두 다릅니다.

곱의 일의 자리 숫자

지오는 0이 있는 점부터 2칸씩 뛰어서 센 점끼리 이었습니다. 지오와 같은 방법으로 0이 있는 점부터 시작하여 주어진 수의 칸만큼 뛰어 센 점끼리 이어 보시오.

2

3

4

6

[8의 단]

1 8의 단 곱의 일의 자리 숫자를 차례로 이어 나타내시오. 8의 단 곱의 일의 자리 숫자 중 가장 큰 숫자는 무엇입니까? 8

[곱의 일의 자리 숫자]

2 곱셈구구에서 다음과 같은 성질을 갖는 단을 찾아 □ 안에 알맞은 수를 써넣으시오.

❶ 곱의 일의 자리 숫자가 5와 0만 있습니다.

5 의 단

❷ 곱의 일의 자리 숫자가 모두 다릅니다.

1 의 단, 3 의 단, 7 의 단, 9 의 단

❸ 곱의 일의 자리 숫자가 모두 짝수입니다.

2 의 단, 4 의 단, 6 의 단, 8 의 단

🐜 벤 다이어그램

수학 요정은 보기 와 같은 규칙에 따라 세 곳 중 한 곳에 들어갑니다. 색칠한 곳에 들어가는 요정을 모두 찾아봅시다.

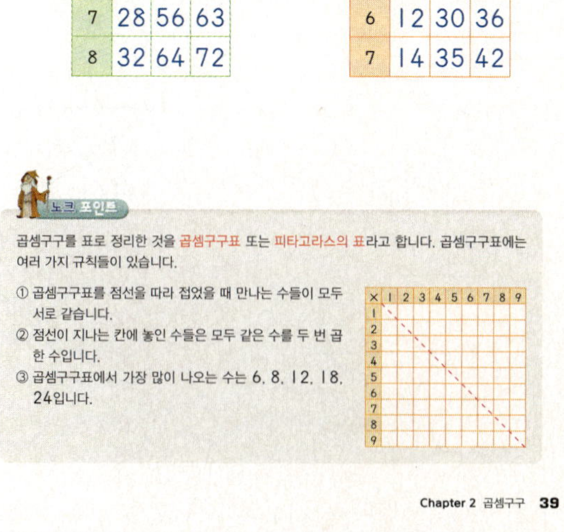

❶ 오른쪽을 보고 색칠한 부분에 들어가는 수의 규칙을 설명하시오.

2의 단 곱도 되고, 3의 단 곱도 되는 수가 색칠한 부분에 들어갑니다.

❷ 3의 단 곱셈구구에서 4의 단 곱도 되는 수를 모두 쓰시오. 12, 24

❸ 위의 요정 중 색칠한 곳에 들어가는 요정을 찾아 모두 ◯표 하시오.

---

1 [4의 단 안에 8의 단]
주어진 수를 보기 와 같은 규칙에 따라 ◯ 안에 써넣으시오.

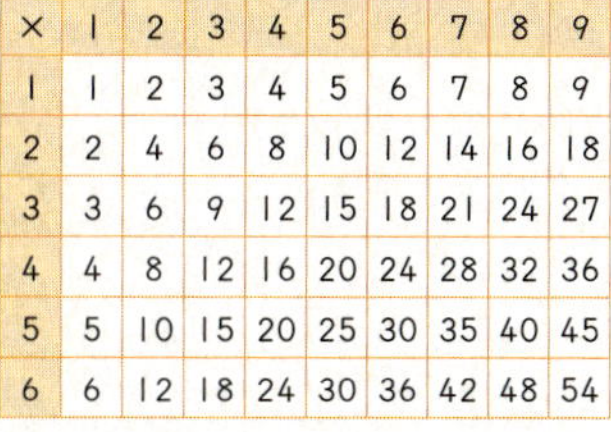

주어진 수 중 8의 단 곱은 모두 4의 단 곱이 되므로 8의 단 곱이 되는 수는 모두 가운데 ◯ 안에 넣습니다.

2 [어떤 수]
초이는 어떤 수가 적힌 구슬 하나를 가지고 있습니다. 다음을 보고 초이가 가진 구슬에 적힌 수를 구하시오. 18

3의 단과 9의 단 곱셈구구에 모두 나오는 수는 9, 18, 27입니다. 20보다 작은 수는 9와 18이고 2의 단 곱셈구구에도 나오는 수는 18입니다.

---

⑤ 피타고라스의 표

어머니께서는 태경이에게 문구점에 가서 색연필을 사 오라고 하셨습니다. 태경이는 종이에 그려진 표를 보며 자신있게 심부름을 갔습니다.

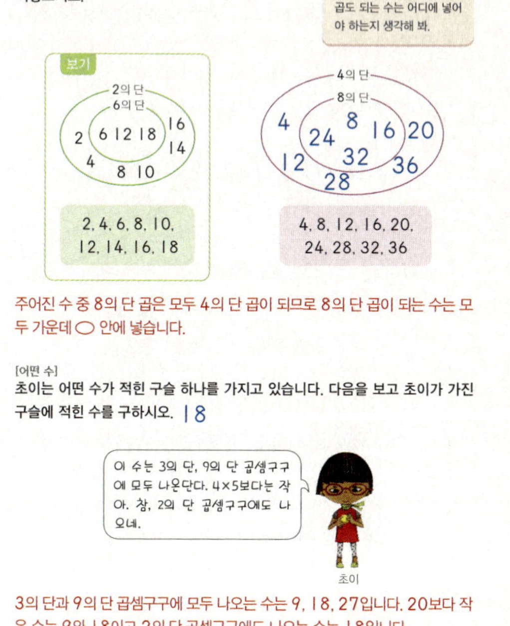

태경이가 보고 있는 표는 다음과 같습니다. 표가 나타내는 것은 무엇이고, 태경이는 색연필 몇 자루를 사는지 구하시오. 곱셈구구를 나타냅니다. 30자루

×	1	2	3	4	5	6	7	8	9
1	1	2	3	4	5	6	7	8	9
2	2	4	6	8	10	12	14	16	18
3	3	6	9	12	15	18	21	24	27
4	4	8	12	16	20	24	28	32	36
5	5	10	15	20	25	30	35	40	45
6	6	12	18	24	30	36	42	48	54

---

❹ 다음 곱셈구구표의 일부분을 완성하시오.

×	3	5
4	12	20
6	18	30

4×5=20
6×3=18
6×5=30

×	1	7
2	2	14
9	9	63

×	4	8	9
3	12	24	27
7	28	56	63
8	32	64	72

×	2	5	6
4	8	20	24
6	12	30	36
7	14	35	42

🐜 노크 포인트

곱셈구구를 표로 정리한 것을 곱셈구구표 또는 피타고라스의 표라고 합니다. 곱셈구구표에는 여러 가지 규칙들이 있습니다.

① 곱셈구구표를 점선을 따라 접었을 때 만나는 수들이 모두 서로 같습니다.
② 점선이 지나는 칸에 놓인 수들은 모두 같은 수를 두 번 곱한 수입니다.
③ 곱셈구구표에서 가장 많이 나오는 수는 6, 8, 12, 18, 24입니다.

곱셈구구표 복원

곱셈구구표의 일부분에 물감이 쏟아졌습니다. ㉠, ㉡, ㉢에 알맞은 수를 구해 봅시다.

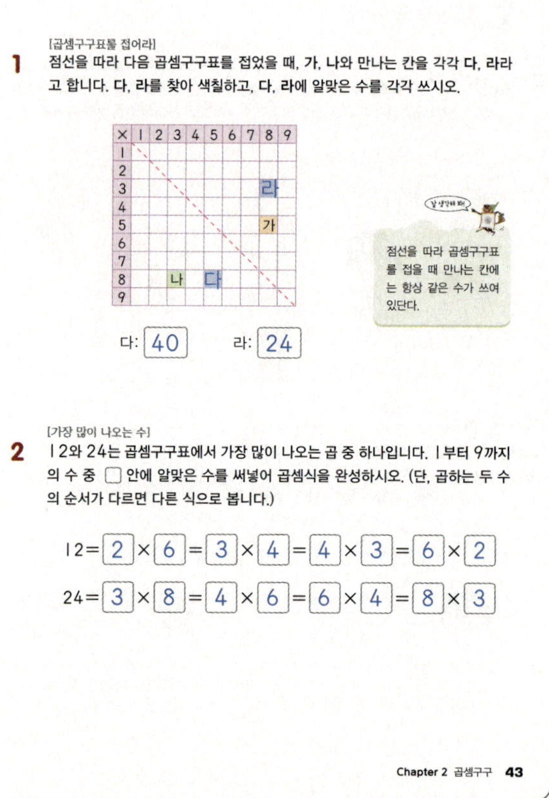

❶ 위 곱셈구구표에서 빨간색 선으로 둘러싸인 부분의 빈칸에 알맞은 수를 쓰시오.

❷ ㉠, ㉡, ㉢에서 만나는 가로줄과 세로줄의 두 수를 찾아 다음 곱셈식을 완성하시오.

㉠ = 3 × 4

㉡ = 4 × 7

㉢ = 7 × 8

만나는 두 수를 찾을 때는 오른쪽과 같이 선을 그어 봐.

❸ ㉠, ㉡, ㉢에 알맞은 수를 각각 구하시오.

㉠: 12　㉡: 28　㉢: 56

㉠=3×4=12,　㉡=4×7=28,　㉢=7×8=56

[조각난 곱셈구구표]

1 꼬마 요괴가 곱셈구구표를 여러 조각으로 나누어 놓았습니다. 곱셈구구표의 빈칸에 알맞은 수를 써넣으시오.

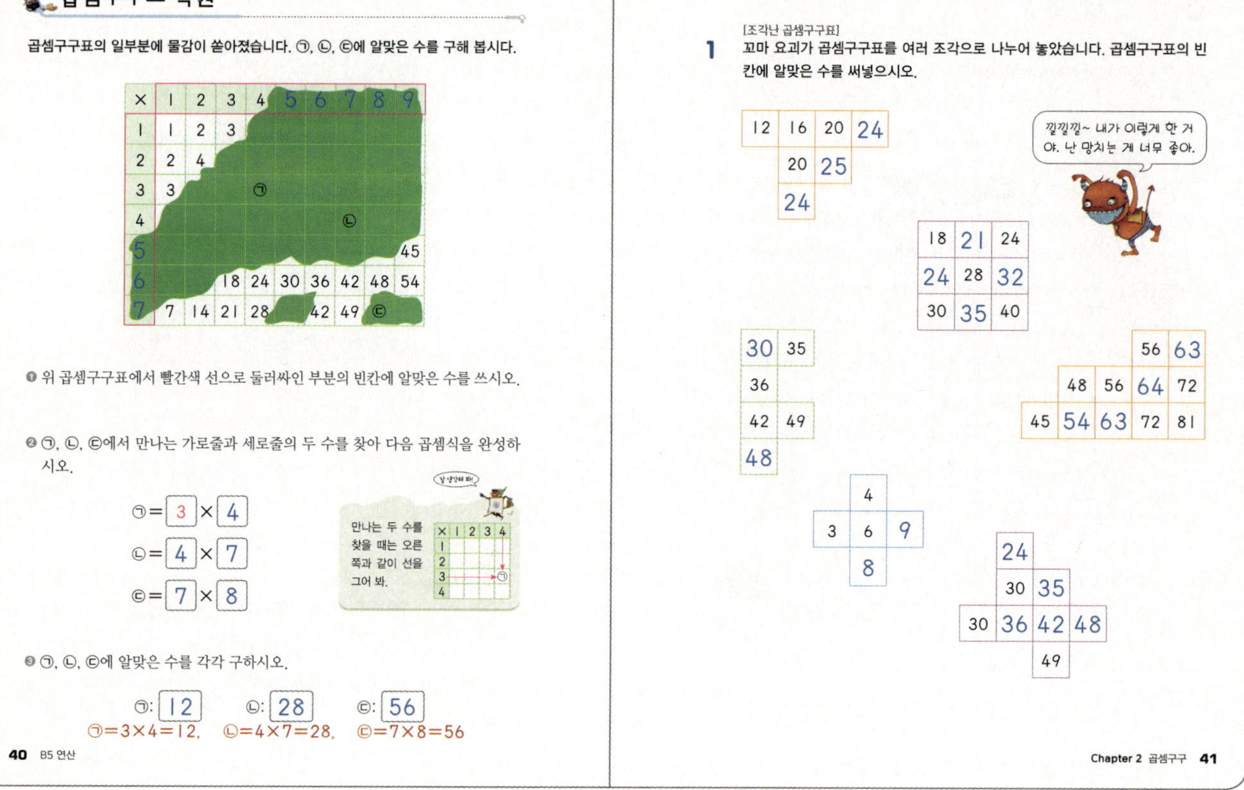

곱셈구구표 관찰하기

곱셈구구표를 보고 물음에 답하시오.

×	1	2	3	4	5	6	7	8	9
1	1	2	3	4	5	6	7	8	9
2	2	4	6	8	10	12	14	16	18
3	3	6	9	12	15	18	21	24	27
4	4	8	12	16	20	24	28	32	36
5	5	10	15	20	25	30	35	40	45
6	6	12	18	24	30	36	42	48	54
7	7	14	21	28	35	42	49	56	63
8	8	16	24	32	40	48	56	64	72
9	9	18	27	36	45	54	63	72	81

❶ □ 안의 수들의 규칙을 찾아 63 다음에 올 수는 무엇인지 구하시오. **70**

7부터 7씩 커지므로 63 다음에 올 수는 63보다 7 큰 수인 70입니다.

7, 14, 21……은 몇씩 커지는지 생각해 봐.

❷ 같은 수를 두 번 곱하여 나오는 수를 제곱수라고 합니다. 위 곱셈구구표에서 같은 수를 두 번 곱한 칸을 모두 색칠하고, 제곱수를 모두 쓰시오.
1, 4, 9, 16, 25, 36, 49, 64, 81

같은 수를 두 번 곱한다는 건 1×1, 2×2, 3×3……과 같은 것을 말해.

❸ 곱셈구구표에서 한 번만 나오는 곱을 모두 쓰시오. **1, 25, 49, 64, 81**

곱셈구구표를 대각선(\) 방향으로 접을 때 만나는 칸의 수는 모두 서로 같으므로 대각선(\)에 위치한 수 중 한 번만 나오는 수를 찾습니다.

[곱셈구구표를 접어라]

1 점선을 따라 다음 곱셈구구표를 접었을 때, 가, 나와 만나는 칸을 각각 다, 라고 합니다. 다, 라를 찾아 색칠하고, 다, 라에 알맞은 수를 각각 쓰시오.

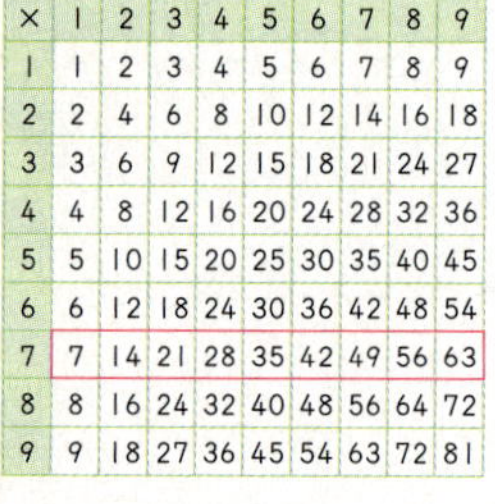

점선을 따라 곱셈구구표를 접을 때 만나는 칸에는 항상 같은 수가 쓰여 있단다.

다: 40　라: 24

[가장 많이 나오는 수]

2 12와 24는 곱셈구구표에서 가장 많이 나오는 곱 중 하나입니다. 1부터 9까지의 수 중 □ 안에 알맞은 수를 써넣어 곱셈식을 완성하시오. (단, 곱하는 두 수의 순서가 다르면 다른 식으로 봅니다.)

$12 = 2 \times 6 = 3 \times 4 = 4 \times 3 = 6 \times 2$

$24 = 3 \times 8 = 4 \times 6 = 6 \times 4 = 8 \times 3$

정답 및 해설　**9**

6 곱셈 놀이

지오가 수학 요정의 도움을 받아 미로를 통과합니다. 지오가 지나는 길을 나타내어 보시오.

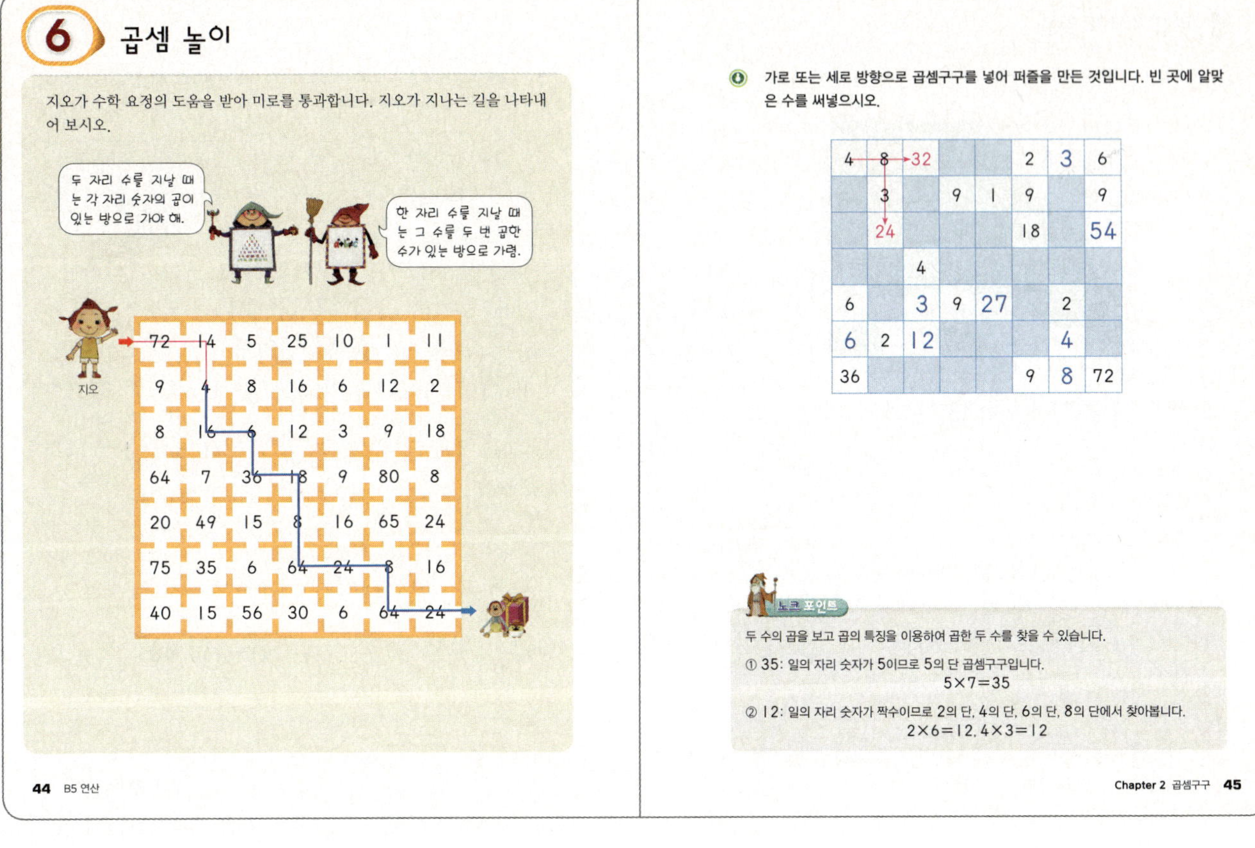

72	14	5	25	10	1	11
9	4	8	16	6	12	2
8	16	6	12	3	9	18
64	7	36	18	9	80	8
20	49	15	8	16	65	24
75	35	6	64	24	8	16
40	15	56	30	6	64	24

가로 또는 세로 방향으로 곱셈구구를 넣어 퍼즐을 만든 것입니다. 빈 곳에 알맞은 수를 써넣으시오.

4	8	32			2	3	6
	3		9	1	9		9
	24				18		54
		4					
6		3	9	27		2	
6	2	12				4	
36					9	8	72

토코 포인트

두 수의 곱을 보고 곱의 특징을 이용하여 곱한 두 수를 찾을 수 있습니다.

① 35: 일의 자리 숫자가 5이므로 5의 단 곱셈구구입니다.
$$5\times7=35$$

② 12: 일의 자리 숫자가 짝수이므로 2의 단, 4의 단, 6의 단, 8의 단에서 찾아봅니다.
$$2\times6=12,\ 4\times3=12$$

조건에 맞는 곱

주머니 안에 0부터 9까지의 수가 쓰여진 10개의 구슬이 들어 있습니다. 아인, 초이, 태경, 지오가 구슬 2개씩을 꺼내며 수의 곱을 이야기합니다. 남은 구슬 2개를 딴소리 요괴가 가져가며 말한 수의 곱을 보고 딴소리 요괴가 뽑은 구슬에 적힌 수를 알아봅시다.

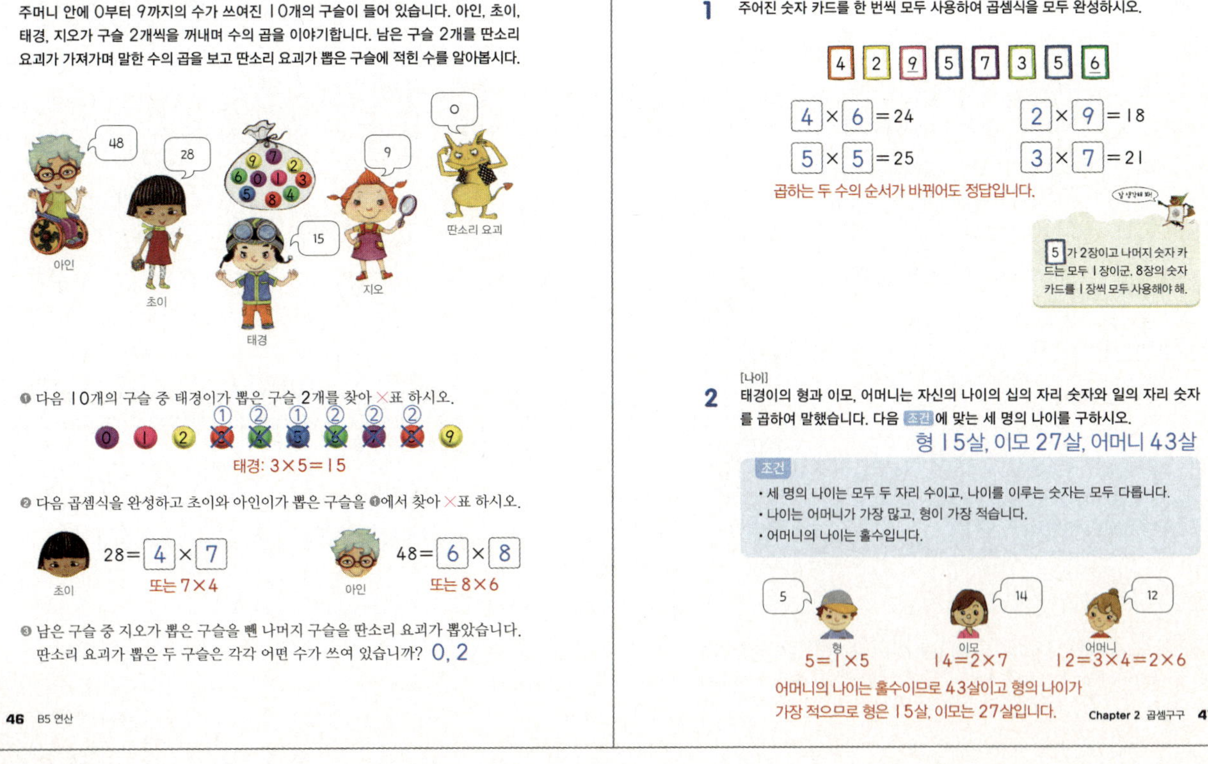

❶ 다음 10개의 구슬 중 태경이가 뽑은 구슬 2개를 찾아 ✕표 하시오.

0　1　2　3　4　5　6　7　8　9

태경: $3\times5=15$

❷ 다음 곱셈식을 완성하고 초이와 아인이가 뽑은 구슬을 ❶에서 찾아 ✕표 하시오.

초이　$28=\boxed{4}\times\boxed{7}$　또는 7×4

아인　$48=\boxed{6}\times\boxed{8}$　또는 8×6

❸ 남은 구슬 중 지오가 뽑은 구슬을 뺀 나머지 구슬을 딴소리 요괴가 뽑았습니다. 딴소리 요괴가 뽑은 두 구슬은 각각 어떤 수가 쓰여 있습니까? 0, 2

[숫자 카드 곱셈식]

1 주어진 숫자 카드를 한 번씩 모두 사용하여 곱셈식을 모두 완성하시오.

4　2　9　5　7　3　5　6

$\boxed{4}\times\boxed{6}=24$　　$\boxed{2}\times\boxed{9}=18$

$\boxed{5}\times\boxed{5}=25$　　$\boxed{3}\times\boxed{7}=21$

곱하는 두 수의 순서가 바뀌어도 정답입니다.

[나이]

2 태경이의 형과 이모, 어머니는 자신의 나이의 십의 자리 숫자와 일의 자리 숫자를 곱하여 말했습니다. 다음 **조건**에 맞는 세 명의 나이를 구하시오.

형 15살, 이모 27살, 어머니 43살

조건
· 세 명의 나이는 모두 두 자리 수이고, 나이를 이루는 숫자는 모두 다릅니다.
· 나이는 어머니가 가장 많고, 형이 가장 적습니다.
· 어머니의 나이는 홀수입니다.

$5=1\times5$　　$14=2\times7$　　$12=3\times4=2\times6$

어머니의 나이는 홀수이므로 43살이고 형의 나이가 가장 적으므로 형은 15살, 이모는 27살입니다.

타일의 개수

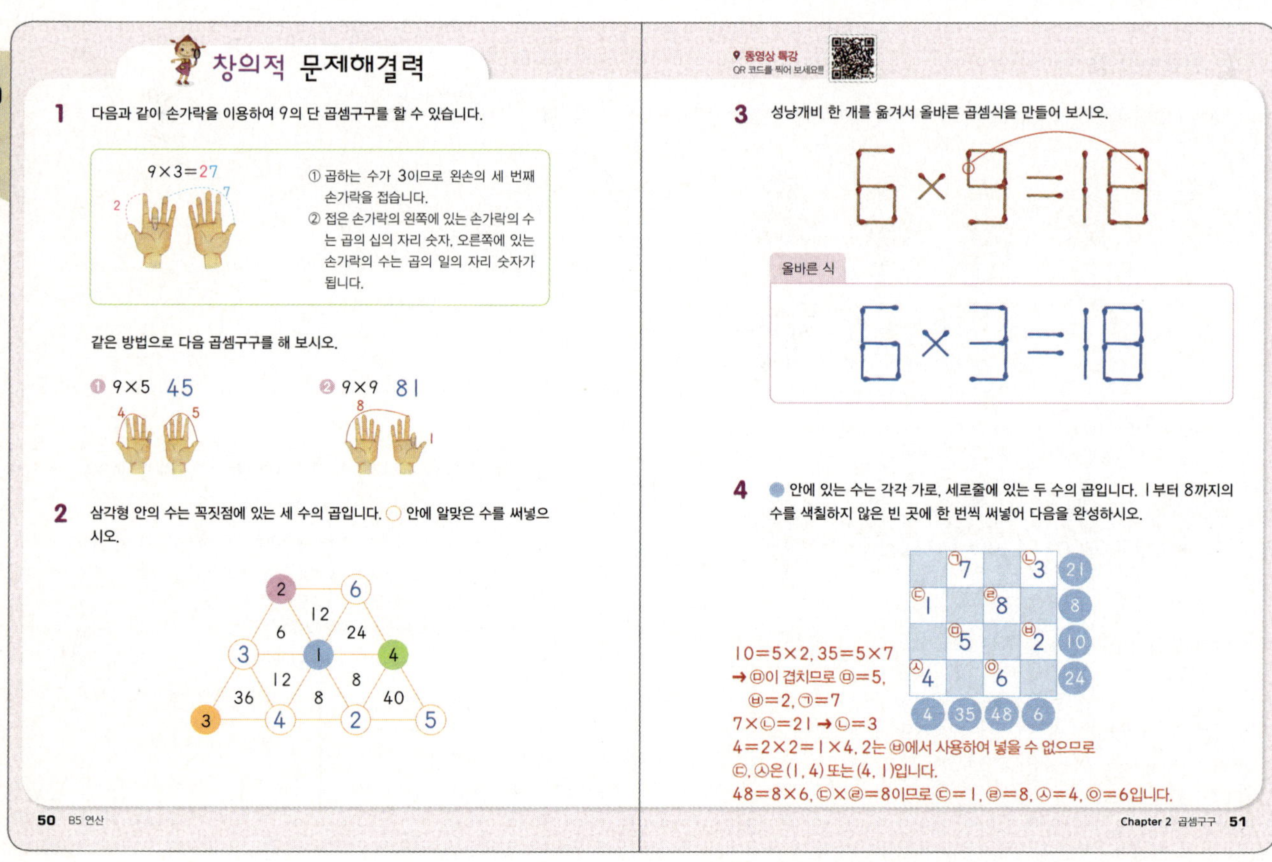

크기가 같은 정사각형 모양 타일을 다음과 같은 모양의 바닥에 빈틈없이 깔려고 합니다. 주황색 바닥에 깔 타일의 개수를 구해 봅시다.

❶ 파란색, 초록색 바닥에 깔 타일을 개수에 맞게 그렸습니다. 가로, 세로로 놓인 타일의 개수를 □ 안에 써넣으시오.

❷ 바닥에 깔린 타일의 개수를 곱셈표로 나타낸 것입니다. 다음 표의 빈칸에 알맞은 수를 써넣으시오.

×	3	7
2	6	14
3	9	21

$3 \times 7 = 21$

❸ 주황색 바닥에 깔 타일의 개수를 구하시오. 21개

[급셈표]

1 다음 곱셈표에서 가, 나, 다, 라에 들어갈 수를 각각 구하시오.

×	7	9	3	4
2	가	18	6	8
6	42	나	다	라

가: 14 (2×7) 나: 54 (6×9) 다: 18 (6×3) 라: 24 (6×4)

[타일의 개수]

2 정사각형 모양 타일 90개를 사용하여 직사각형 모양 바닥을 빈틈없이 덮었습니다. 직사각형 바닥의 세로에 놓인 타일은 9개입니다. 가, 라에 놓인 타일의 개수가 다음과 같을 때, 나에 있는 타일의 개수를 구하시오. 28개

창의적 문제해결력

1 다음과 같이 손가락을 이용하여 9의 단 곱셈구구를 할 수 있습니다.

① 곱하는 수가 3이므로 왼손의 세 번째 손가락을 접습니다.
② 접은 손가락의 왼쪽에 있는 손가락의 수는 곱의 십의 자리 숫자, 오른쪽에 있는 손가락의 수는 곱의 일의 자리 숫자가 됩니다.

같은 방법으로 다음 곱셈구구를 해 보시오.

❶ 9×5 45

❷ 9×9 81

2 삼각형 안의 수는 꼭짓점에 있는 세 수의 곱입니다. ○ 안에 알맞은 수를 써넣으시오.

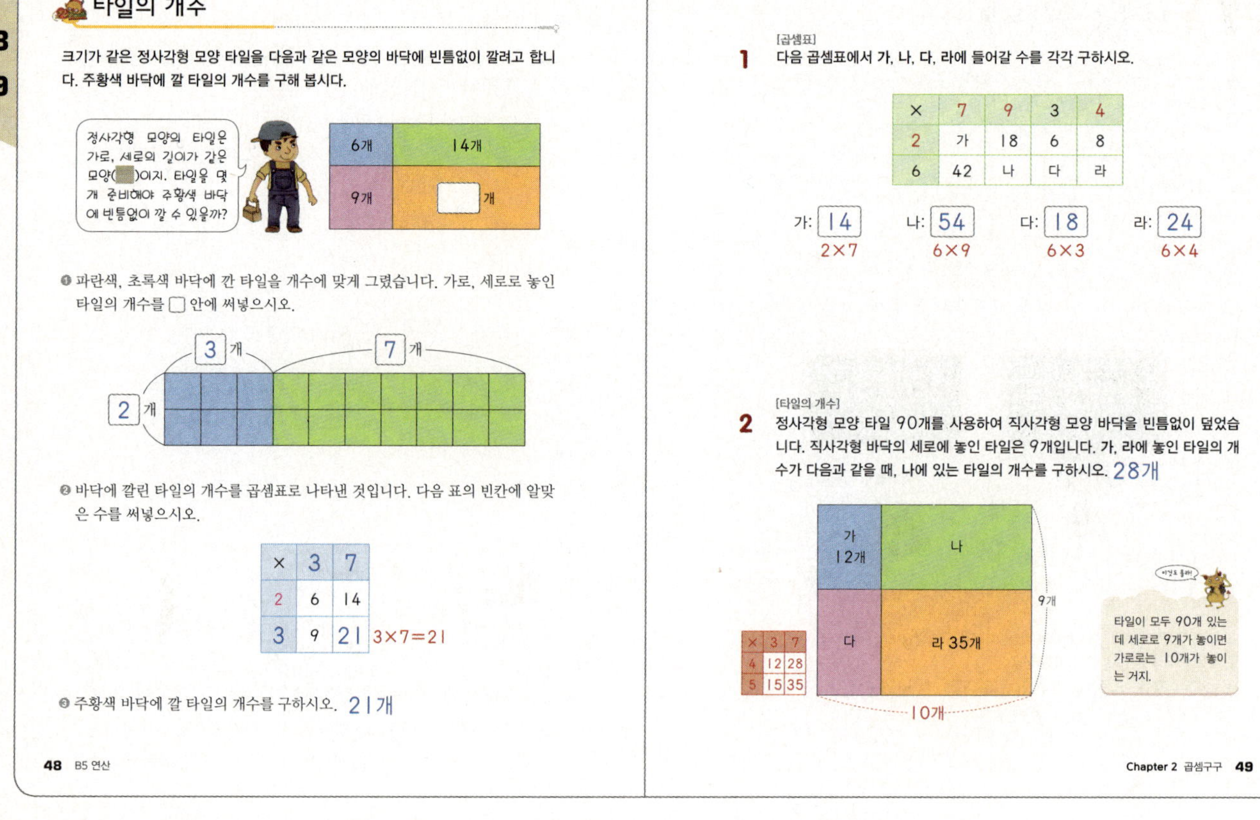

⟡ 동영상 특강 QR 코드를 찍어 보세요⟶

3 성냥개비 한 개를 옮겨서 올바른 곱셈식을 만들어 보시오.

올바른 식

4 🔵 안에 있는 수는 각각 가로, 세로줄에 있는 두 수의 곱입니다. 1부터 8까지의 수를 색칠하지 않은 빈 곳에 한 번씩 써넣어 다음을 완성하시오.

$10 = 5 \times 2, \ 35 = 5 \times 7$
→ ㉺이 겹치므로 ㉺=5,
㉻=2, ㉠=7
$7 \times ㉡ = 21$ → ㉡=3
$4 = 2 \times 2 = 1 \times 4$, 2는 ㉻에서 사용하여 넣을 수 없으므로
㉢, ㉦은 (1, 4) 또는 (4, 1)입니다.
$48 = 8 \times 6$, ㉢×㉺=8이므로 ㉢=1, ㉺=8, ㉦=4, ◎=6입니다.

7 덧셈을 곱셈으로

곱셈구구표의 일부분입니다. 초이와 아인이는 각자 표에서 색칠한 부분의 수의 합을 구하고, 식으로 나타내었습니다.

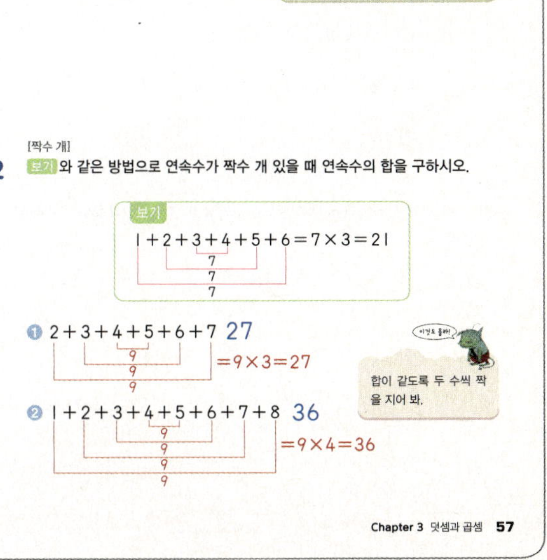

×	1	2	3	4	5	6
1	1	2	3	4	5	6
2	2	4	6	8	10	12
3	3	6	9	12	15	18
4	4	8	12	16	20	24

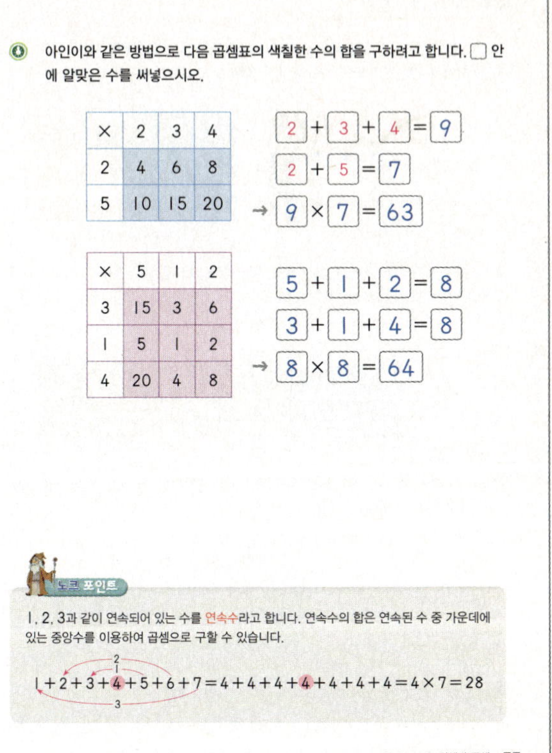

초이는 색칠한 부분의 수를 하나씩 더하여 합을 구하였습니다. 아인이는 어떤 방법으로 합을 구하였는지 이야기하여 보시오.
곱셈구구표에서 곱하는 수와 곱해지는 수들의 합을 각각 구한 다음, 그 합을 곱하여 구하였습니다.

❶ 아인이와 같은 방법으로 다음 곱셈표의 색칠한 수의 합을 구하려고 합니다. ☐ 안에 알맞은 수를 써넣으시오.

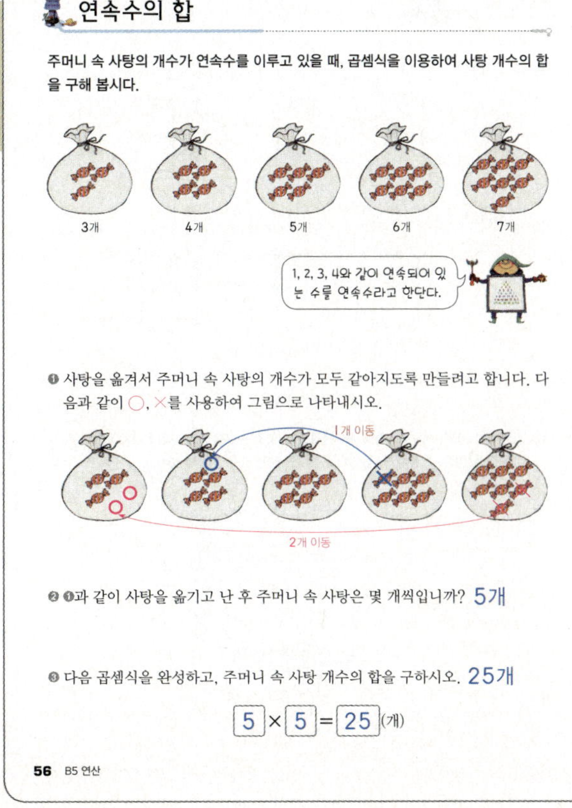

×	2	3	4
2	4	6	8
5	10	15	20

$\boxed{2}+\boxed{3}+\boxed{4}=\boxed{9}$

$\boxed{2}+\boxed{5}=\boxed{7}$

→ $\boxed{9}×\boxed{7}=\boxed{63}$

×	5	1	2
3	15	3	6
1	5	1	2
4	20	4	8

$\boxed{5}+\boxed{1}+\boxed{2}=\boxed{8}$

$\boxed{3}+\boxed{1}+\boxed{4}=\boxed{8}$

→ $\boxed{8}×\boxed{8}=\boxed{64}$

체크 포인트

1, 2, 3과 같이 연속되어 있는 수를 연속수라고 합니다. 연속수의 합은 연속된 수 중 가운데에 있는 중앙수를 이용하여 곱셈으로 구할 수 있습니다.

$$1+2+3+4+5+6+7=4+4+4+4+4+4+4=4×7=28$$

연속수의 합

주머니 속 사탕의 개수가 연속수를 이루고 있을 때, 곱셈식을 이용하여 사탕 개수의 합을 구해 봅시다.

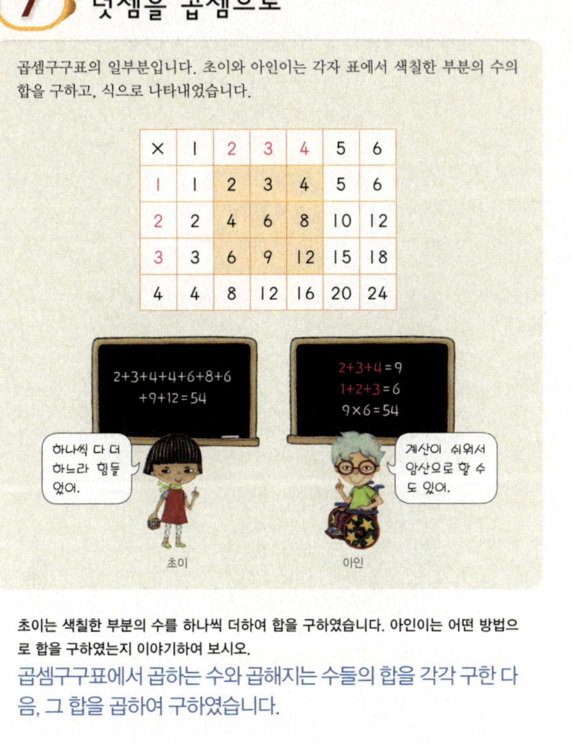

❶ 사탕을 옮겨서 주머니 속 사탕의 개수가 모두 같아지도록 만들려고 합니다. 다음과 같이 ○, ×를 사용하여 그림으로 나타내시오.

❷ ❶과 같이 사탕을 옮기고 난 후 주머니 속 사탕은 몇 개씩입니까? 5개

❸ 다음 곱셈식을 완성하고, 주머니 속 사탕 개수의 합을 구하시오. 25개

$$\boxed{5}×\boxed{5}=\boxed{25}(개)$$

[연속하는 7개의 수의 합]

1 연속한 7개의 수의 합이 56일 때, 이 수 중에서 가장 큰 수를 구하시오.　11

$$\boxed{5}+\boxed{6}+\boxed{7}+\boxed{8}+\boxed{9}+\boxed{10}+\boxed{11}=56$$

(중앙수)×7=56
(중앙수)=8
(가장 큰 수)=8+3=11

[짝수 개]

2 보기 와 같은 방법으로 연속수가 짝수 개 있을 때 연속수의 합을 구하시오.

보기

$$1+2+3+4+5+6=7×3=21$$

❶ 2+3+4+5+6+7　27

$$=9×3=27$$

❷ 1+2+3+4+5+6+7+8　36

$$=9×4=36$$

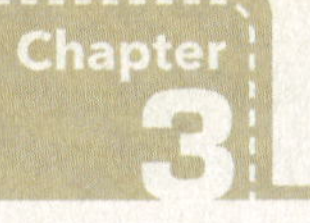

달력 – 날짜의 합

다음은 어느 해의 10월 달력입니다. 달력의 색칠한 날짜의 합을 곱셈구구를 이용하여 구해 봅시다.

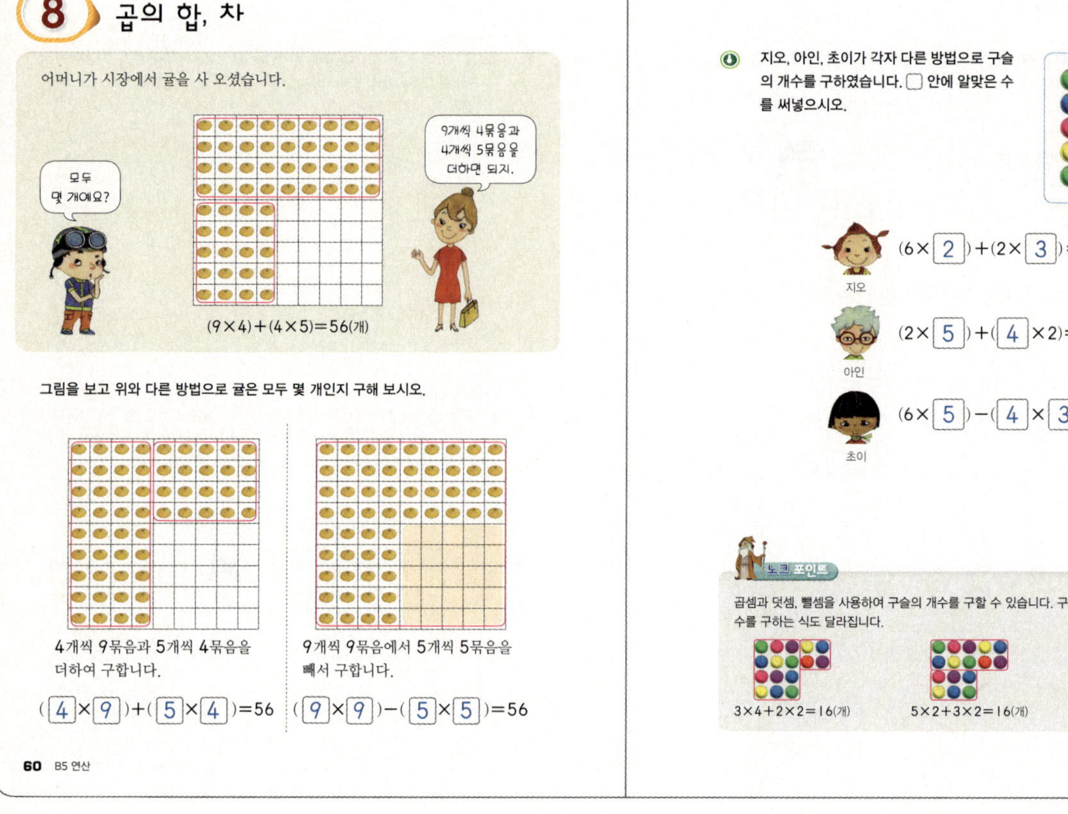

❶ 9와 대각선 방향으로 놓여 있는 두 수의 합을 각각 구하고 9의 곱으로 나타내어 보시오.

$1+17=\boxed{18}=9\times\boxed{2}$

$3+15=\boxed{18}=9\times\boxed{2}$

❷ 달력의 색칠한 날짜의 합을 곱셈식으로 나타내어 구하시오.

$9\times\boxed{5}=\boxed{45}$

[빨간 카드에 있는 수의 합]

1 다음과 같이 카드를 나열하였습니다. 곱셈구구를 사용하여 빨간 카드에 있는 수의 합을 구하시오. *72*

$8\times\boxed{9}=\boxed{72}$

짝지은 수끼리 수를 옮겨 중앙수 8을 만들 수 있습니다. 8이 모두 9개이므로 수의 합은 $8\times9=72$입니다.

[일주일]

2 태경이는 일요일부터 토요일까지 일주일 동안 동생에게 매일 책을 읽어 주기로 하였습니다. 책을 읽어 주는 일주일 동안의 날짜의 합이 35일 때, 첫 날인 일요일은 며칠인지 구하시오. *2일*

일주일은 7일이므로 중앙수는 수요일의 날짜입니다.
(날짜의 합)=(수요일의 날짜)$\times7=35$
수요일은 5일이므로 일요일은 2일입니다.

8 곱의 합, 차

어머니가 시장에서 귤을 사 오셨습니다.

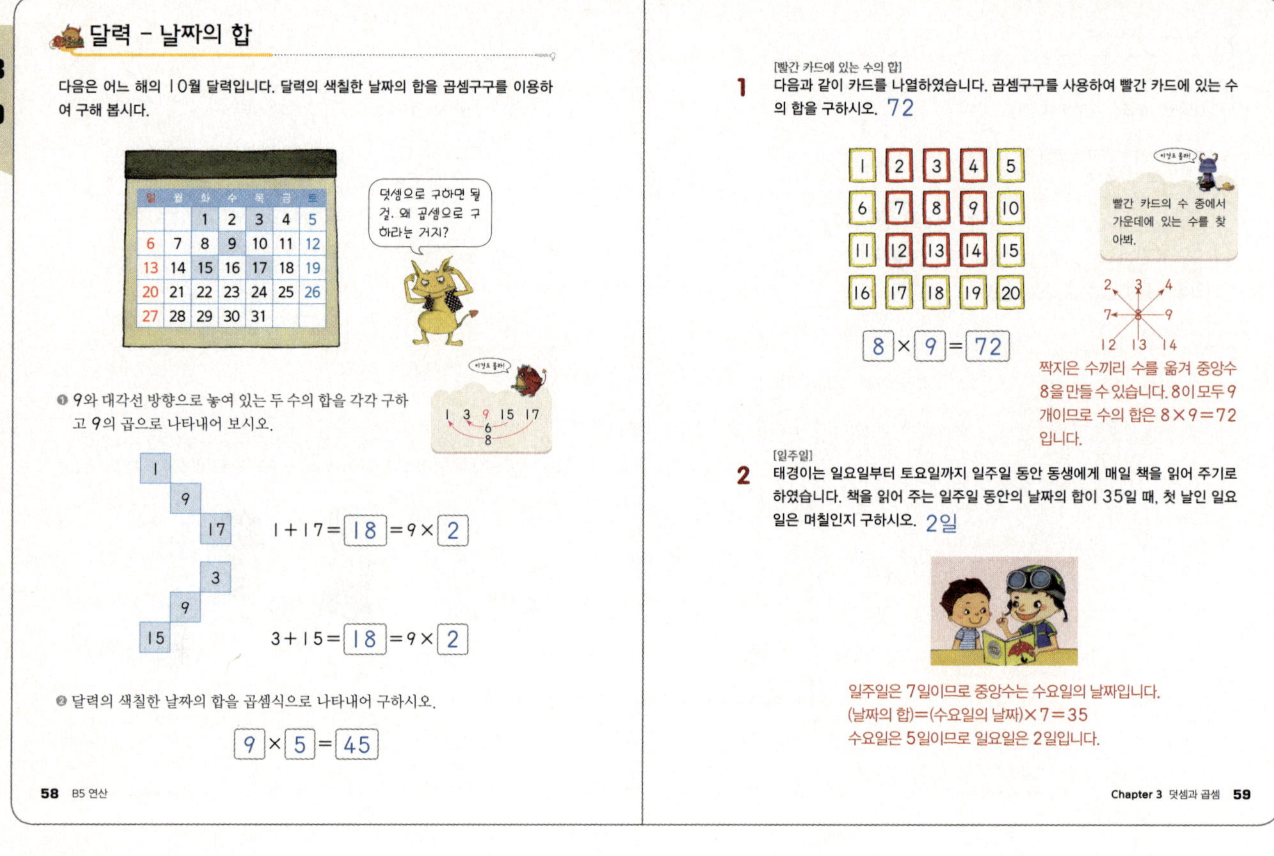

그림을 보고 위와 다른 방법으로 귤은 모두 몇 개인지 구해 보시오.

4개씩 9묶음과 5개씩 4묶음을 더하여 구합니다.

$(\boxed{4}\times\boxed{9})+(\boxed{5}\times\boxed{4})=56$

9개씩 9묶음에서 5개씩 5묶음을 빼서 구합니다.

$(\boxed{9}\times\boxed{9})-(\boxed{5}\times\boxed{5})=56$

❶ 지오, 아인, 초이가 각자 다른 방법으로 구슬의 개수를 구하였습니다. ☐ 안에 알맞은 수를 써넣으시오.

지오 $(6\times\boxed{2})+(2\times\boxed{3})=18$

아인 $(2\times\boxed{5})+(\boxed{4}\times2)=18$

초이 $(6\times\boxed{5})-(\boxed{4}\times\boxed{3})=18$

토크 포인트

곱셈과 덧셈, 뺄셈을 사용하여 구슬의 개수를 구할 수 있습니다. 구슬을 묶는 방법에 따라 개수를 구하는 식도 달라집니다.

$3\times4+2\times2=16$(개) $5\times2+3\times2=16$(개) $5\times4-2\times2=16$(개)

정답 및 해설 **13**

두 수 구하기

지오는 어느 날 고대의 수학 문제가 적혀 있는 종이를 발견하였습니다. 규칙을 찾아 ○, ☆이 나타내는 수를 각각 구해 봅시다.

❶ 종이에 쓰인 규칙을 찾아 식으로 나타내시오.

$$\square\square = 6 \;\rightarrow\; 3+3=6$$
$$\triangle\triangle = 4 \;\rightarrow\; 2+2=4$$
$$\square = 6 \;\rightarrow\; 3\times2=6 \quad \text{또는 } 2\times3=6$$
$$\square = 9 \;\rightarrow\; 3\times3=9$$

❷ ○와 ☆을 사용하여 다음을 식으로 나타내시오.

$$○☆=13 \;\rightarrow\; ○+☆=13$$
$$⊛=36 \;\rightarrow\; ○\times☆=36$$

❸ ❷의 두 식을 모두 만족하는 ○, ☆이 나타내는 수를 각각 구하시오.

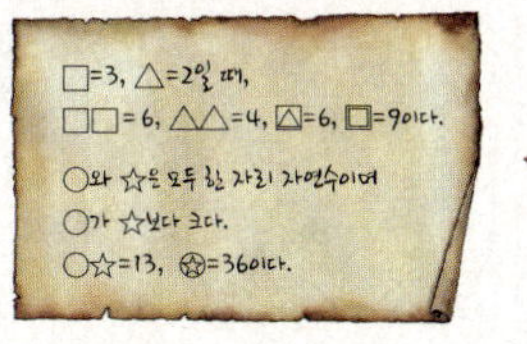

$$○: 9 \qquad ☆: 4$$
$$36=9\times4 \;\rightarrow\; 9+4=13$$
$$36=6\times6 \;\rightarrow\; 6+6=12$$
따라서 ○=9, ☆=4입니다.

[세 수의 곱]

1 ○, □, △가 모두 서로 다른 한 자리 자연수일 때, 다음 조건을 모두 만족하는 ○, □, △의 값을 각각 구하시오.

- ○×□×△=24
- ○+□+△=9
- ○<□<△

$$○: 2 \qquad □: 3 \qquad △: 4$$

$24=1\times3\times8=1\times4\times6=2\times3\times4$입니다.
이 중 세 수의 합이 9인 경우는 $24=2\times3\times4$이며, ○<□<△이므로 ○=2, □=3, △=4입니다.

[두 개의 주사위]

2 아인이와 초이는 두 개의 주사위를 던져서 나온 수를 보고 대화를 나누었습니다. 두 사람의 대화를 보고 주사위에 나온 두 수는 각각 무엇인지 구하시오. 2, 6

$12=2\times6=3\times4$입니다.
이 중 두 수의 차가 4인 경우는 $12=2\times6$입니다.
따라서 주사위에 나온 두 수는 2, 6입니다.

가장 크게, 가장 작게

태경이는 자신이 가진 네 장의 숫자 카드를 보기 와 같이 2장씩 곱한 다음, 그 곱의 합을 구하려고 합니다. 합이 가장 작은 경우와 가장 큰 경우를 구해 봅시다.

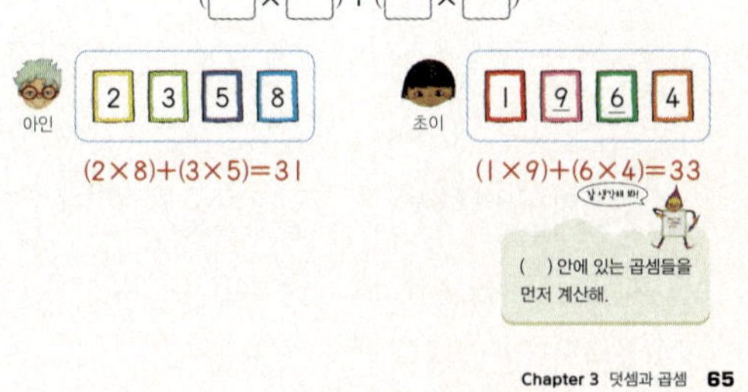

❶ 태경이가 가진 숫자 카드 네 장을 두 장씩 짝을 지어 만들 수 있는 곱을 모두 구하시오.

$$① \; 3\times4=12, \quad 6\times9=54$$
$$② \; 3\times6=18, \quad 4\times9=36$$
$$③ \; 3\times9=27, \quad 4\times6=24$$

❷ ❶의 곱을 사용하여 곱의 합이 가장 큰 경우와 가장 작은 경우의 식을 완성하시오.

합이 가장 큰 경우: $(3\times4)+(6\times9)=66$
합이 가장 작은 경우: $(3\times9)+(4\times6)=51$

[가장 큰 합]

1 18을 0보다 크고 10보다 작은 두 자연수의 곱으로 나타낼 때, 두 자연수의 합이 가장 큰 경우의 합을 구하시오. 11

$$2\times9=18$$
$$18=2\times9=3\times6$$
$$\rightarrow 2+9=11, 3+6=9$$

[가장 작은 합]

2 아인이와 초이가 각자 가지고 있는 숫자 카드 네 장을 모두 한 번씩만 사용하여 다음 식을 만들어 계산하려고 합니다. 계산 결과가 가장 작도록 식을 만들 때, 두 사람 중 더 작은 계산 결과를 만들 수 있는 사람은 누구입니까? 아인

$$(\square\times\square)+(\square\times\square)$$

9 곱셈 퍼즐

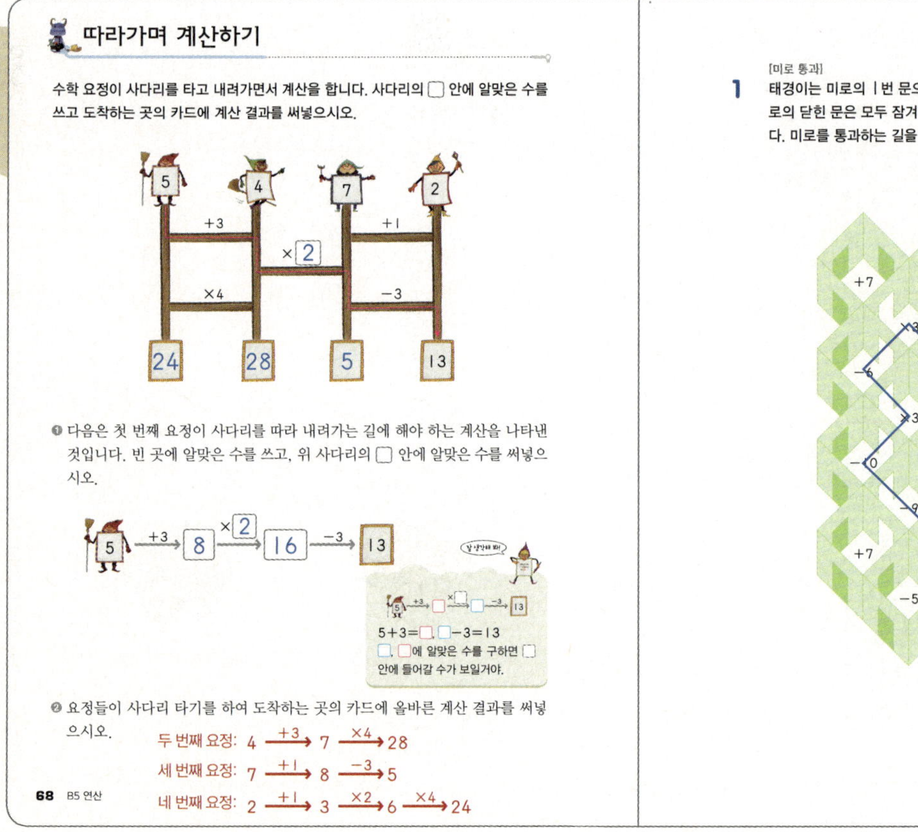

요정은 빗자루를 타고, 아이들은 마법의 양탄자를 타고 마법의 성으로 가려고 합니다. 그러나 1부터 8까지의 숫자를 한 번씩 모두 사용하여 수학 퍼즐을 완성하지 않으면 양탄자는 하늘을 날지 않습니다.

1부터 8까지의 숫자를 한 번씩 모두 사용하여 양탄자의 수학 퍼즐을 완성하시오.

또는

2	×	4	=	8
×				=
3				7
=				+
6	−	5	=	1

주어진 수를 한 번씩 모두 사용하여 삼각형 위의 식이 모두 올바른 식이 되도록 빈 곳에 알맞은 수를 써넣으시오.

2	4	6
7	8	14

14 = − / 7 6 / × = / 2 × 4 = 8

2	3	5
6	9	15

6 = + / 2 9 / × × / 3 × 5 = 15

토크 포인트

곱셈 퍼즐에는 여러 가지가 있습니다.

2 × 4 = 8 / − / 3 7 / = = / 6 = 5 + 1

3 = + / × / 2 × 4 = 8

4 / 3 | 8 / 6

$3 \times 1 \times 8 = 4 \times 1 \times 6$

따라가며 계산하기

수학 요정이 사다리를 타고 내려가면서 계산을 합니다. 사다리의 ☐ 안에 알맞은 수를 쓰고 도착하는 곳의 카드에 계산 결과를 써넣으시오.

5　4　7　2
+3　　+1
　×2
×4　　−3
24　28　5　13

❶ 다음은 첫 번째 요정이 사다리를 따라 내려가는 길에 해야 하는 계산을 나타낸 것입니다. 빈 곳에 알맞은 수를 쓰고, 위 사다리의 ☐ 안에 알맞은 수를 써넣으시오.

5 →+3→ 8 →×2→ 16 →−3→ 13

$5+3=\square$　$\square \times \square = \square$　$\square - 3 = 13$
☐ 안에 알맞은 수를 구하면 ☐ 안에 들어갈 수가 보일거야.

❷ 요정들이 사다리 타기를 하여 도착하는 곳의 카드에 올바른 계산 결과를 써넣으시오.

두 번째 요정: 4 →+3→ 7 →×4→ 28
세 번째 요정: 7 →+1→ 8 →−3→ 5
네 번째 요정: 2 →+1→ 3 →×2→ 6 →×4→ 24

[미로 통과]

1 태경이는 미로의 1번 문으로 들어가 미로를 통과하여 2번 문으로 나옵니다. 미로의 닫힌 문은 모두 잠겨 있으며, 가장 빠른 길로 미로를 통과하며 계산을 합니다. 미로를 통과하는 길을 나타내고, 계산 결과를 쓰시오.

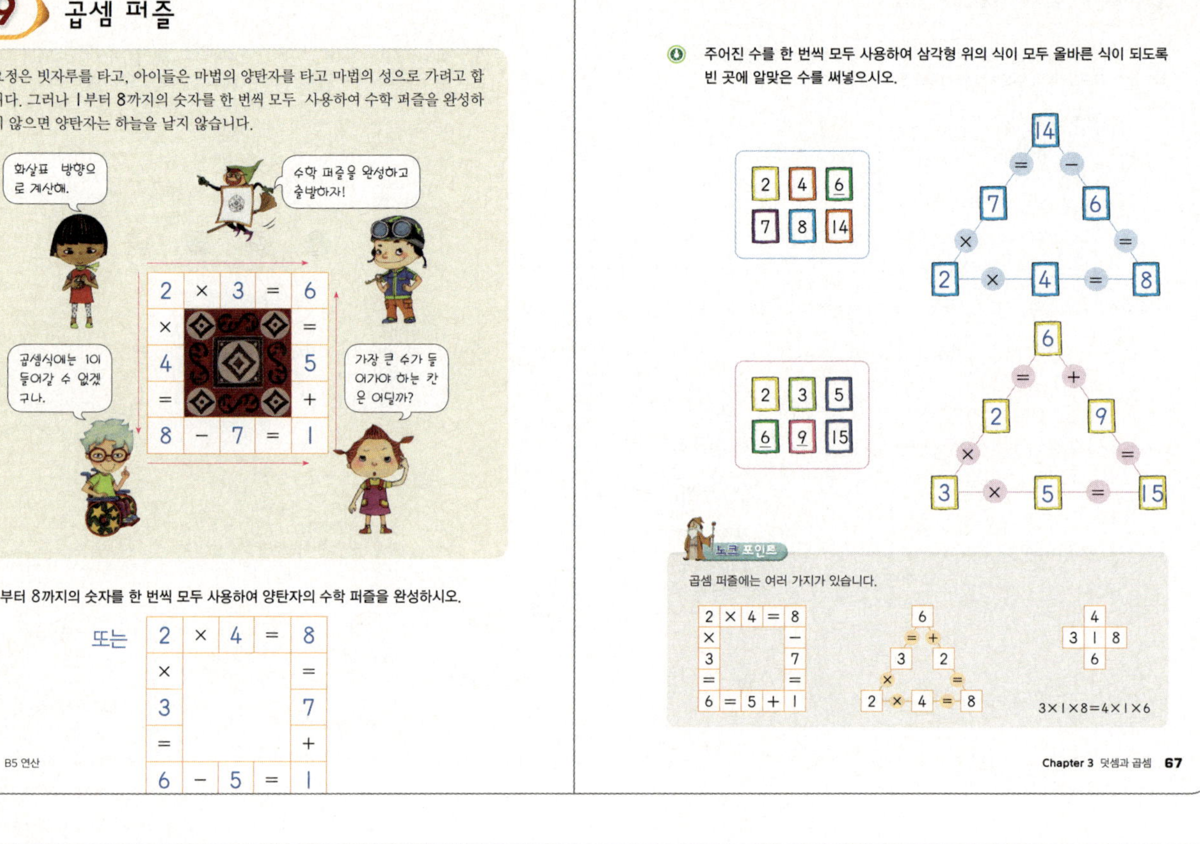

차례로 연산 퍼즐

보기 와 같이 가장 아랫줄부터 선이 연결된 순서에 따라 계산하는 퍼즐이 있습니다. □ 안에 모두 다른 한 자리 수를 써넣어 퍼즐을 완성해 봅시다.

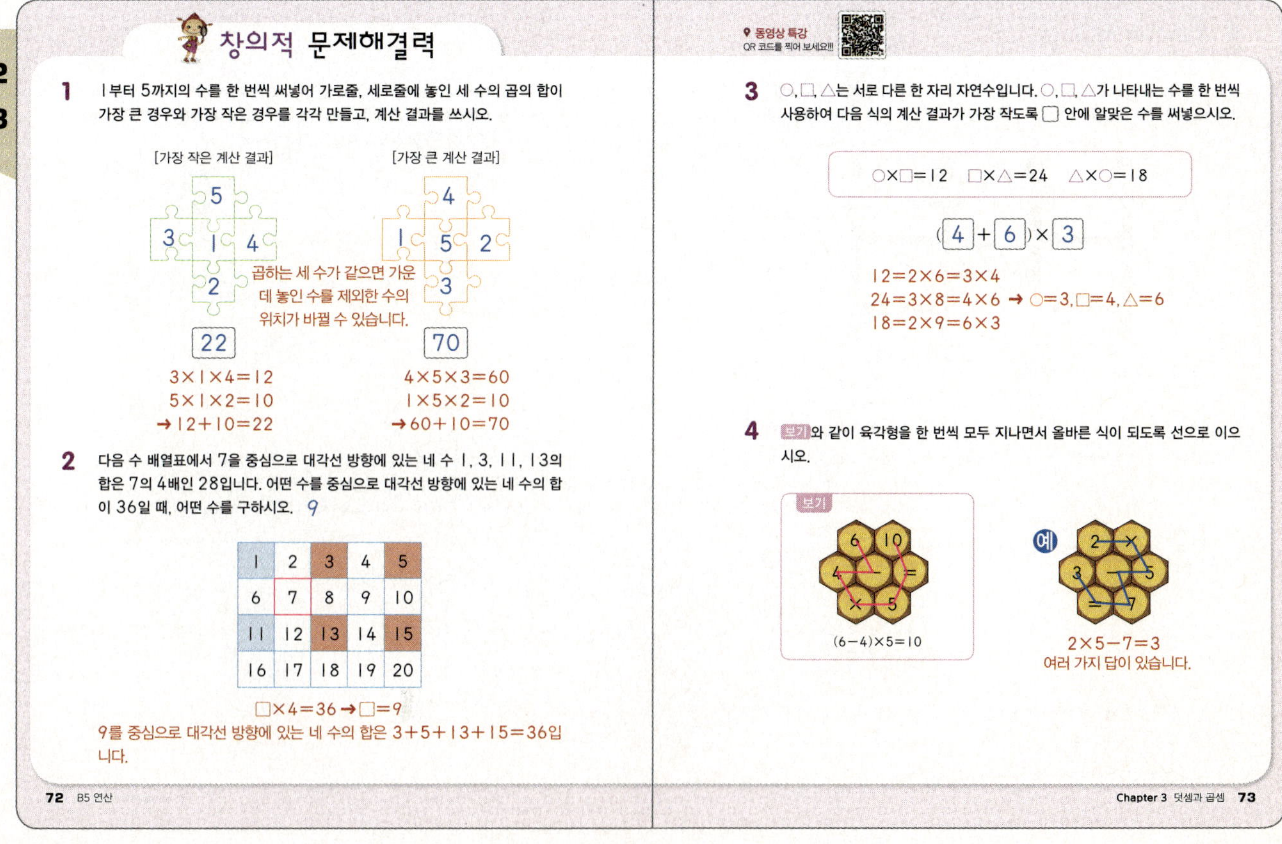

❶ 가장 위의 가로줄부터 생각해 봅시다. 두 수의 곱이 40이 되는 곱셈식을 쓰시오.

$$\boxed{8} \times \boxed{5} = 40$$

❷ ❶의 곱셈식을 이루는 두 수 중 ①의 자리에 들어갈 수 있는 수는 무엇입니까?

❸ 모두 다른 한 자리 수를 사용하여 위 퍼즐을 완성하시오.

또는

[구술과 식]

1 아래에 선으로 연결된 두 수를 🟡 안의 연산을 따라 계산하면 계산 결과는 그 위의 🔴에 쓰인 수가 됩니다. 🟡 안에 ＋, －, ×를 알맞게 써넣으시오.

$$36 \rightarrow 9 \times 4 = 36$$
$$4 + 5 = 9 \qquad 6 - 2 = 4$$

[삼각형 퍼즐]

2 보기 와 같이 1부터 9까지의 수와 ＋, －, ×를 사용하여 ▲ 안의 수를 만드는 퍼즐이 있습니다. 규칙 에 따라 퍼즐을 완성하시오.

규칙

- 앞에서부터 차례로 계산합니다.
- △에 서로 다른 숫자를 한 번씩만 쓸 수 있습니다.
- ▽에 ＋, －, ×를 한 번씩만 쓸 수 있습니다.

예

여러 가지 답이 있습니다.

창의적 문제해결력

1 1부터 5까지의 수를 한 번씩 써넣어 가로줄, 세로줄에 놓인 세 수의 곱의 합이 가장 큰 경우와 가장 작은 경우를 각각 만들고, 계산 결과를 쓰시오.

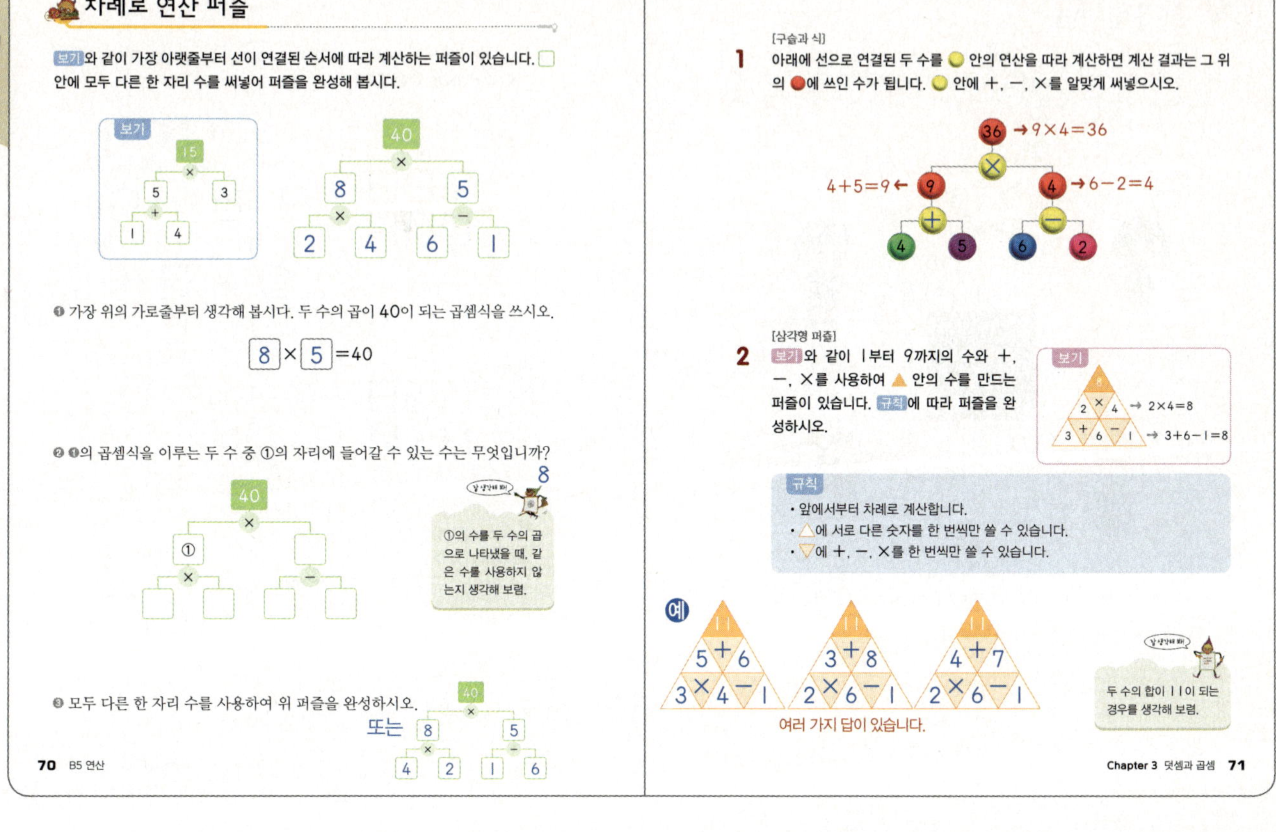

[가장 작은 계산 결과]

5
3 1 4

곱하는 세 수가 같으면 가운데 놓인 수를 제외한 수의 위치가 바뀔 수 있습니다.

$$\boxed{22}$$

$$3 \times 1 \times 4 = 12$$
$$5 \times 1 \times 2 = 10$$
$$\rightarrow 12 + 10 = 22$$

[가장 큰 계산 결과]

4
1 5 2
3

$$\boxed{70}$$

$$4 \times 5 \times 3 = 60$$
$$1 \times 5 \times 2 = 10$$
$$\rightarrow 60 + 10 = 70$$

2 다음 수 배열표에서 7을 중심으로 대각선 방향에 있는 네 수 1, 3, 11, 13의 합은 7의 4배인 28입니다. 어떤 수를 중심으로 대각선 방향에 있는 네 수의 합이 36일 때, 어떤 수를 구하시오. 9

1	2	3	4	5
6	7	8	9	10
11	12	13	14	15
16	17	18	19	20

$$\square \times 4 = 36 \rightarrow \square = 9$$

9를 중심으로 대각선 방향에 있는 네 수의 합은 3+5+13+15=36입니다.

3 ○, □, △는 서로 다른 한 자리 자연수입니다. ○, □, △가 나타내는 수를 한 번씩 사용하여 다음 식의 계산 결과가 가장 작도록 □ 안에 알맞은 수를 써넣으시오.

$$○ × □ = 12 \qquad □ × △ = 24 \qquad △ × ○ = 18$$

$$(\boxed{4} + \boxed{6}) \times \boxed{3}$$

$$12 = 2 \times 6 = 3 \times 4$$
$$24 = 3 \times 8 = 4 \times 6 \rightarrow ○=3, □=4, △=6$$
$$18 = 2 \times 9 = 6 \times 3$$

4 보기 와 같이 육각형을 한 번씩 모두 지나면서 올바른 식이 되도록 선으로 이으시오.

보기

$$(6-4) \times 5 = 10$$

예

$$2 \times 5 - 7 = 3$$
여러 가지 답이 있습니다.

Chapter 4 미지의 수

76·77

10 어떤 수

대마왕이 딴소리 요괴에게 계산 문제를 내었습니다. 딴소리 요괴는 문제는 잘못 들었지만, 자신이 들은 대로 정확하게 계산하였습니다.

어떤 수를 □로 하여 딴소리 요괴가 계산한 식을 나타내시오. 4+□=9

어떤 수를 구하시오. 5

어떤 수를 □로 하여 대마왕의 문제를 식으로 나타내고, 계산 결과를 구하시오. 4×□, 20

4×□=4×5=20

다음을 □가 있는 식으로 나타내시오.

어떤 수와 8을 곱하면 32입니다. 식: □×8=32	6과 어떤 수의 합은 27입니다. 식: 6+□=27
5에 어떤 수를 더하면 30입니다. 식: 5+□=30	어떤 수에서 8을 빼면 24입니다. 식: □−8=24

노크 포인트

다음과 같은 문제에서 잘못 계산한 결과를 이용하여 바른 계산 결과를 구할 수 있습니다.

어떤 수에 7을 더해야 할 것을 잘못하여 곱했더니 21이 되었습니다. 바르게 계산한 결과를 구하시오.

① 어떤 수를 □라고 하여 잘못된 계산을 식으로 나타냅니다. ➡ □×7=21
② 어떤 수 □를 구합니다. ➡ □=3
③ ②에서 구한 수를 바른 계산식에 넣어 계산 결과를 구합니다. ➡ □+7=3+7=10

78·79

어떤 수 구하기

아인이는 태경이가 가장 좋아하는 수를 맞히기로 하였습니다. 아인이와 태경이의 대화를 보고 태경이가 가장 좋아하는 수를 구해 봅시다.

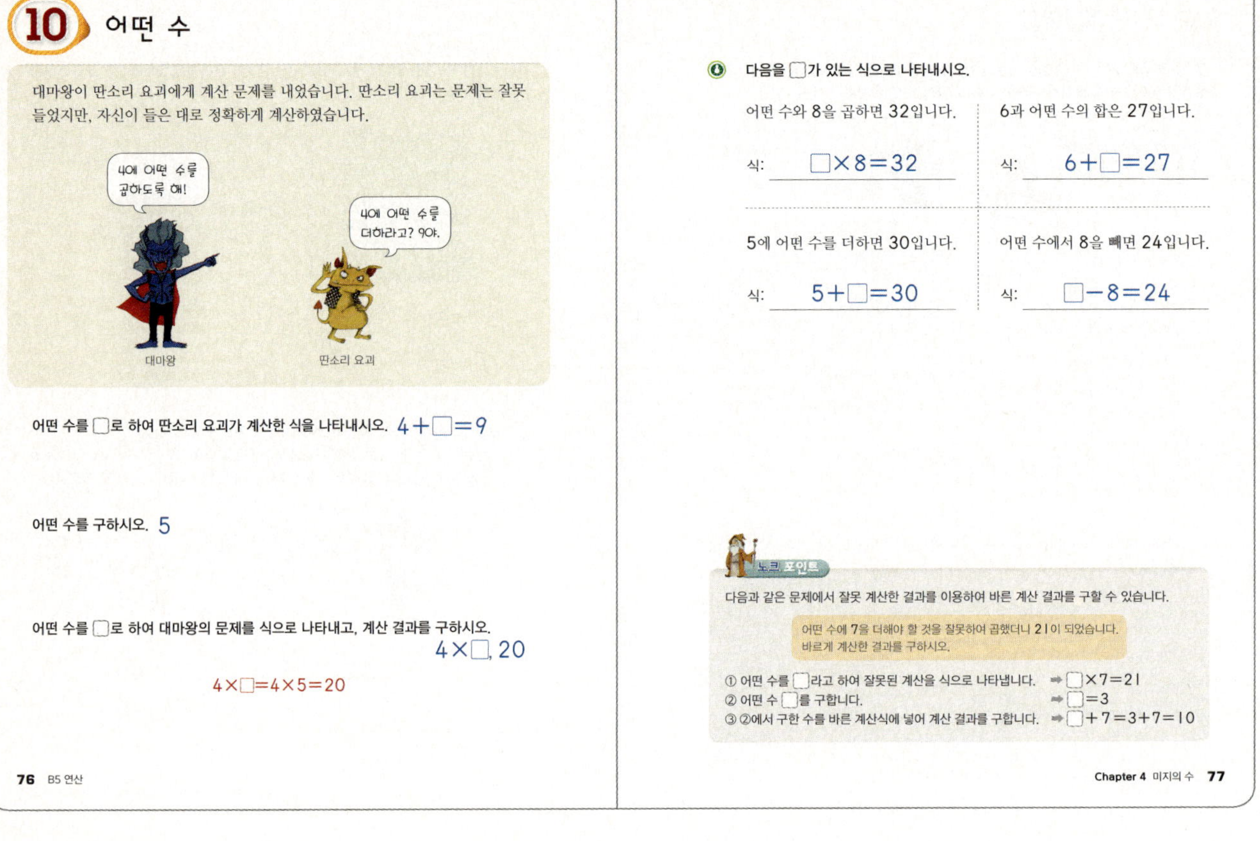

❶ 태경이가 가장 좋아하는 수를 □라고 할 때, 아인이가 이야기한 식은 다음과 같이 나타낼 수 있습니다. ○ 안에 알맞은 수를 써넣으시오.

□ —×3→ (21) —−6→ 15

15+6=21

○−6=15
→ ○=15+6

❷ □에 3을 곱하면 ○ 안의 수입니다. 태경이가 가장 좋아하는 수를 구하시오. 7

[사탕의 개수]

1 상자 안에 모두 같은 개수의 사탕이 들어 있습니다. 다섯 상자에 있는 사탕의 개수가 모두 35개라면 한 상자에는 사탕이 몇 개씩 들어 있습니까? □를 사용한 식으로 나타내고 답을 구하시오.

식: □×5=35

답: 7개

한 상자 안에 있는 사탕의 개수를 □로 놓습니다.

[어떤 수]

2 다음을 읽고 □를 사용한 식으로 나타내고 어떤 수를 구하시오.

❶ 3과 어떤 수의 곱에서 2를 빼면 22입니다.

3×□=22+2,
3×□=24이고 3×8=24이므로
□=8

식: 3×□−2=22

답: 8

❷ 7과 8의 곱에서 어떤 수를 뺐더니 47이 되었습니다.

7×8−□=47, 56−□=47,
□=56−47=9

식: 7×8−□=47

답: 9

❷ 7 —×8→ ○ —−□→ 47

🐛 바르게 계산하기

잠만자 요괴는 수학 공부를 하다가 잠이 들고 말았습니다. 잠만자 요괴가 이야기한 문제를 잘못 들은 거꾸로 요괴의 계산을 보고 바르게 계산한 결과를 구해 봅시다.

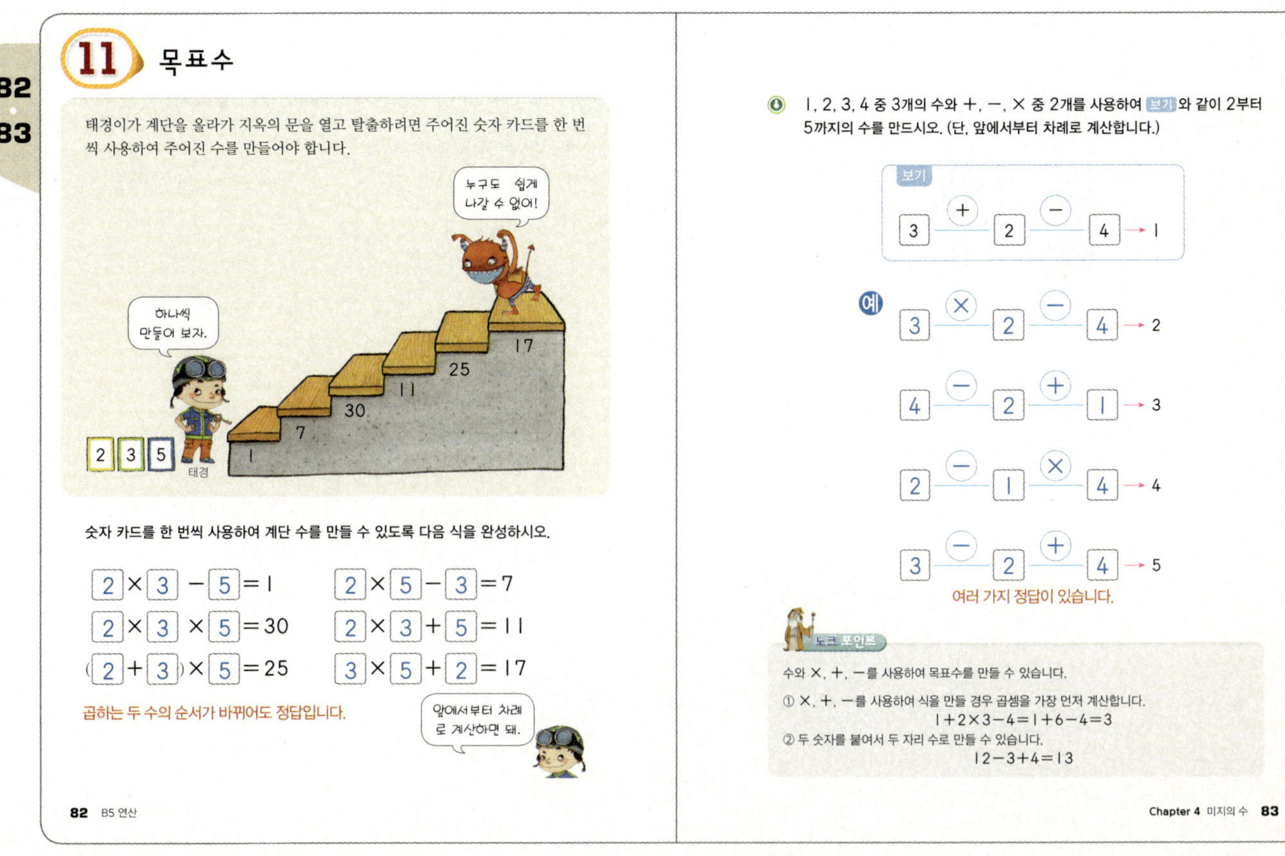

❶ 어떤 수를 □로 하여 거꾸로 요괴가 계산한 식을 나타낸 것입니다. 다음 □ 안에 알맞은 수를 써넣으시오.

$$\boxed{} \xrightarrow{-3} \boxed{3} \xrightarrow{\times4} 12$$

$$\square\times4=12,\ \square=3$$

❷ ❶의 □ 안의 수를 보고 어떤 수를 구하시오. **6**

$$\square-3=3,\ \square=6$$

❸ 잠만자 요괴가 이야기한 식을 나타낸 것입니다. □ 안에 알맞은 수를 각각 써넣으시오.

$$\boxed{6} \xrightarrow{+\boxed{3}} \boxed{9} \xrightarrow{\times\boxed{4}} \boxed{36}$$

❹ ❸의 식에 ❷에서 구한 어떤 수를 □ 안에 넣어 바르게 계산한 결과를 구하시오.
36

[바르게 계산한 값]

1 수학책에 있는 문제를 잘못 보고 울보 요괴가 문제를 풀었습니다. 바르게 계산한 값을 구하시오. **72**

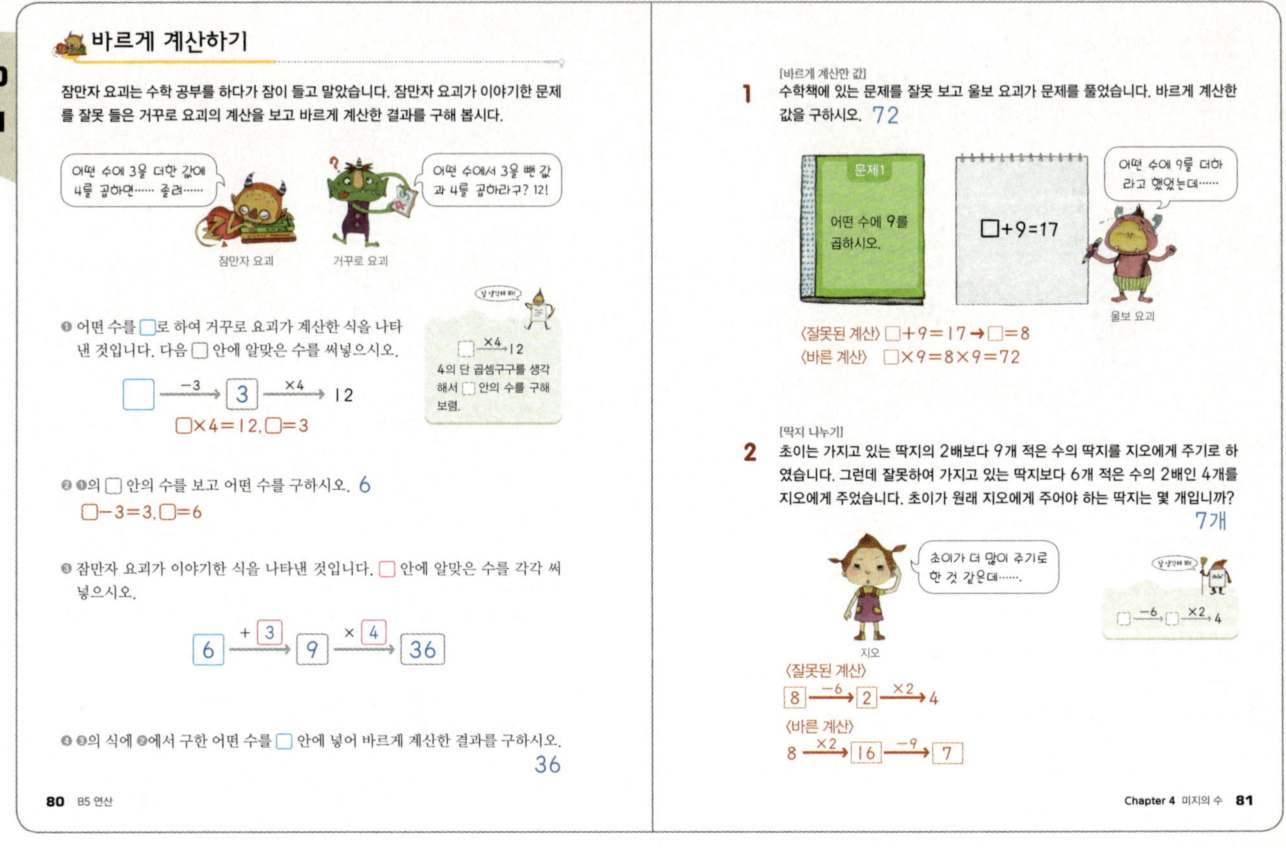

〈잘못된 계산〉 $\square+9=17 \rightarrow \square=8$
〈바른 계산〉 $\square\times9=8\times9=72$

[딱지 나누기]

2 초이는 가지고 있는 딱지의 2배보다 9개 적은 수의 딱지를 지오에게 주기로 하였습니다. 그런데 잘못하여 가지고 있는 딱지보다 6개 적은 수의 2배인 4개를 지오에게 주었습니다. 초이가 원래 지오에게 주어야 하는 딱지는 몇 개입니까?
7개

〈잘못된 계산〉 $8 \xrightarrow{-6} \boxed{2} \xrightarrow{\times2} 4$

〈바른 계산〉 $8 \xrightarrow{\times2} \boxed{16} \xrightarrow{-9} \boxed{7}$

---

⑪ 목표수

태경이가 계단을 올라가 지옥의 문을 열고 탈출하려면 주어진 숫자 카드를 한 번씩 사용하여 주어진 수를 만들어야 합니다.

숫자 카드를 한 번씩 사용하여 계단 수를 만들 수 있도록 다음 식을 완성하시오.

$$\boxed{2}\times\boxed{3}-\boxed{5}=1 \qquad \boxed{2}\times\boxed{5}-\boxed{3}=7$$
$$\boxed{2}\times\boxed{3}\times\boxed{5}=30 \qquad \boxed{2}\times\boxed{3}+\boxed{5}=11$$
$$(\boxed{2}+\boxed{3})\times\boxed{5}=25 \qquad \boxed{3}\times\boxed{5}+\boxed{2}=17$$

곱하는 두 수의 순서가 바뀌어도 정답입니다.

⓿ 1, 2, 3, 4 중 3개의 수와 +, −, × 중 2개를 사용하여 [보기]와 같이 2부터 5까지의 수를 만드시오. (단, 앞에서부터 차례로 계산합니다.)

보기
$$\boxed{3} \xrightarrow{+} \boxed{2} \xrightarrow{-} \boxed{4} \rightarrow 1$$

예
$$\boxed{3} \xrightarrow{\times} \boxed{2} \xrightarrow{-} \boxed{4} \rightarrow 2$$
$$\boxed{4} \xrightarrow{-} \boxed{2} \xrightarrow{+} \boxed{1} \rightarrow 3$$
$$\boxed{2} \xrightarrow{-} \boxed{1} \xrightarrow{\times} \boxed{4} \rightarrow 4$$
$$\boxed{3} \xrightarrow{-} \boxed{2} \xrightarrow{+} \boxed{4} \rightarrow 5$$

여러 가지 정답이 있습니다.

🧙 노크 포인트

수와 ×, +, −를 사용하여 목표수를 만들 수 있습니다.

① ×, +, −를 사용하여 식을 만들 경우 곱셈을 가장 먼저 계산합니다.
$$1+2\times3-4=1+6-4=3$$
② 두 숫자를 붙여서 두 자리 수로 만들 수 있습니다.
$$12-3+4=13$$

---

18   B5 연산

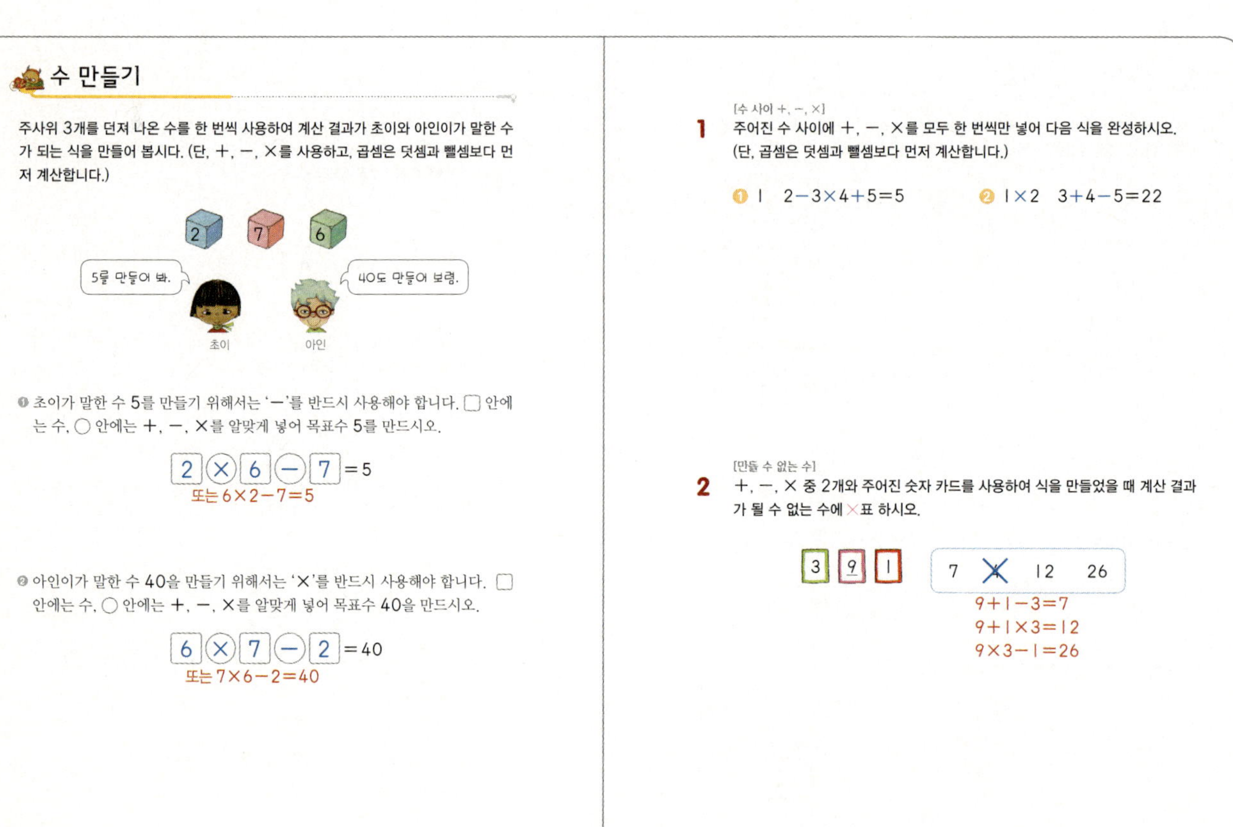

식 완성하기

주어진 수 카드와 ×, + 카드를 한 번씩 모두 사용하여 올바른 식을 만들어 봅시다.
(단, 곱셈은 덧셈보다 항상 먼저 계산합니다.)

$3 \times 7 + 4 = 25$

또는 $4+3\times7=25$

❶ ☐ 안에는 수, ○ 안에는 ×, +를 넣는다고 할 때,
①에 알맞은 수는 무엇입니까? 25

$☐○☐○☐=①$

❷ 위 ○ 안에 ×, +를 써넣으시오. (단, 곱셈은 항상 덧셈보다 먼저 계산하므로 순서는 중요하지 않습니다.)

❸ 곱셈은 덧셈보다 먼저 계산하므로 두 수의 곱과 어떤 수의 합은 ①의 수입니다.
위 ☐ 안에 주어진 수를 알맞게 써넣으시오.

[+, −, ×]
1 ○ 안에 +, −, ×를 알맞게 써넣어 올바른 식을 만드시오.

❶ $6 \times 2 − 5 = 1 + 3 \times 2$

❷ $9 − 7 + 6 = 5 \times 1 + 3$

또는 $9-7+6=5+1\times3$

[주머니 안의 수]
2 주머니 안의 수를 한 번씩 사용하여 올바른 식을 만드시오. (단, 곱셈은 덧셈과 뺄셈보다 먼저 계산한 후 앞에서부터 차례로 계산합니다.)

$8 − 1 \times 3 + 6 = 11$

또는 $8-3\times1+6=11$
$6-1\times3+8=11$
$6-3\times1+8=11$
도 정답입니다.

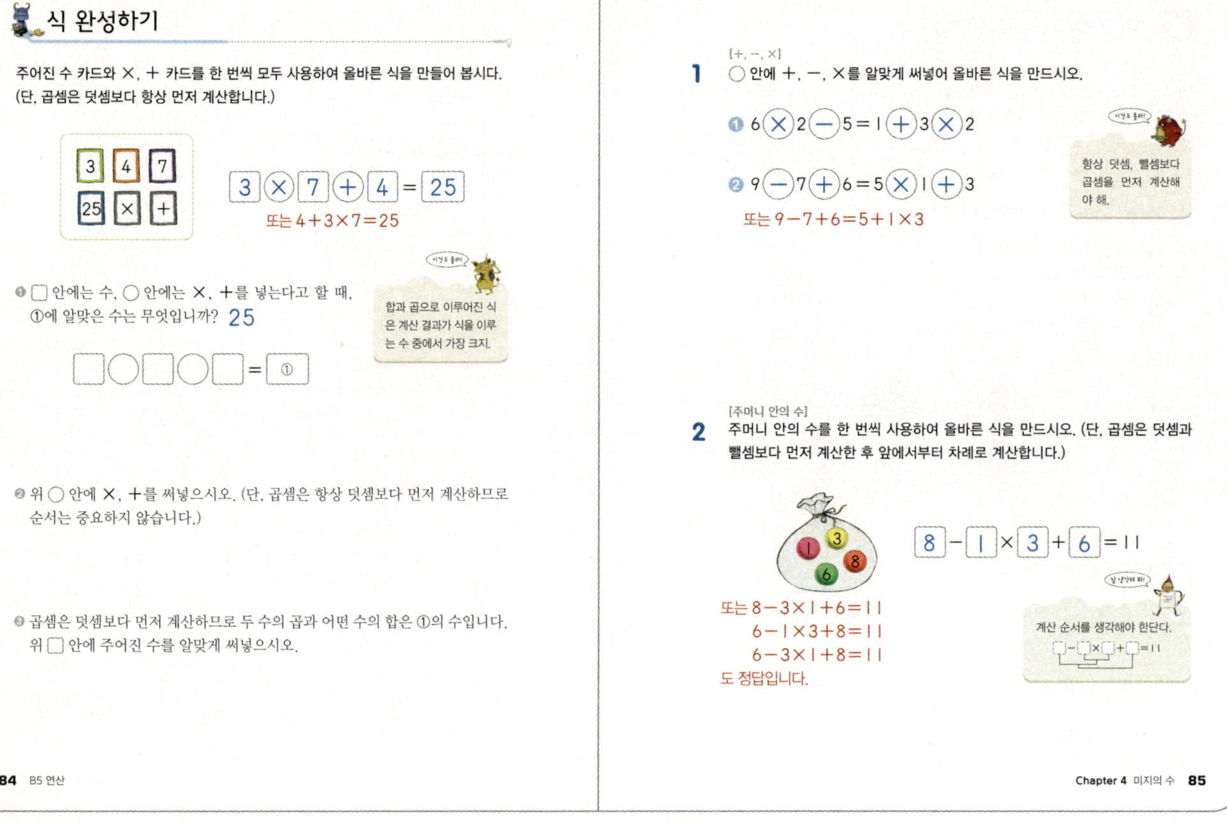

수 만들기

주사위 3개를 던져 나온 수를 한 번씩 사용하여 계산 결과가 초이와 아인이가 말한 수가 되는 식을 만들어 봅시다. (단, +, −, ×를 사용하고, 곱셈은 덧셈과 뺄셈보다 먼저 계산합니다.)

❶ 초이가 말한 수 5를 만들기 위해서는 '−'를 반드시 사용해야 합니다. ☐ 안에는 수, ○ 안에는 +, −, ×를 알맞게 넣어 목표수 5를 만드시오.

$2 \times 6 − 7 = 5$

또는 $6\times2-7=5$

❷ 아인이가 말한 수 40을 만들기 위해서는 '×'를 반드시 사용해야 합니다. ☐ 안에는 수, ○ 안에는 +, −, ×를 알맞게 넣어 목표수 40을 만드시오.

$6 \times 7 − 2 = 40$

또는 $7\times6-2=40$

[수 사이 +, −, ×]
1 주어진 수 사이에 +, −, ×를 모두 한 번씩만 넣어 다음 식을 완성하시오.
(단, 곱셈은 덧셈과 뺄셈보다 먼저 계산합니다.)

❶ $1 − 2 − 3 \times 4 + 5 = 5$ ❷ $1 \times 2 + 3 + 4 − 5 = 22$

[만들 수 없는 수]
2 +, −, × 중 2개와 주어진 숫자 카드를 사용하여 식을 만들었을 때 계산 결과가 될 수 없는 수에 ×표 하시오.

3 9 1   7   ✕   12   26

$9+1−3=7$
$9+1\times3=12$
$9\times3−1=26$

12 도형이 나타내는 수

어느 날 수학 요정은 마법 구슬의 개수를 세어 마법 나라의 숫자로 적어 놓았습니다. 요정은 지오와 초이에게 구슬이 각각 몇 개씩 있는지 맞히면 원하는 만큼의 구슬을 주겠다고 하였습니다.

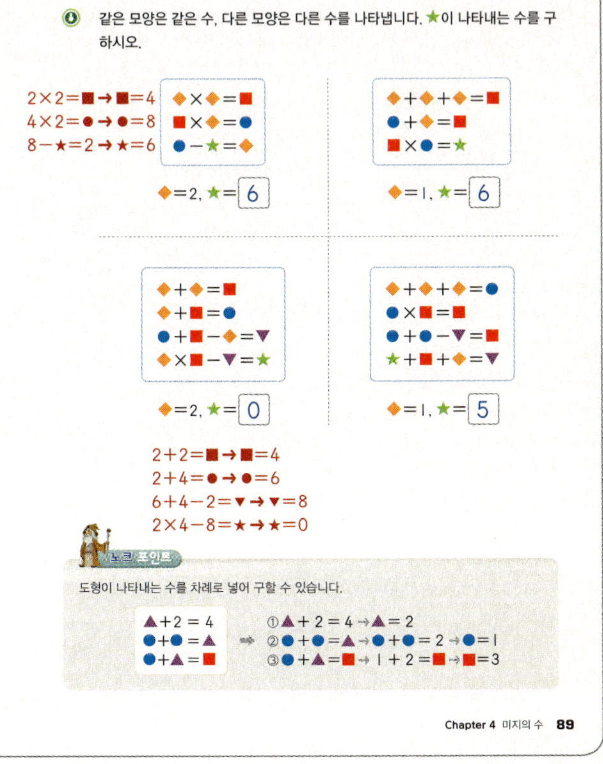

각 구슬의 개수를 알아보시오.

● : 9 개   ● : 17 개   ● : 10 개

◎=10   ♠=5   ◇=1
● ♠◇◇◇ =5+1+1+1+1=9
● ♠♠ =10+5+1+1=17
● ◎ =10

○ 같은 모양은 같은 수, 다른 모양은 다른 수를 나타냅니다. ★이 나타내는 수를 구하시오.

2×2=■ → ■=4
4×2=● → ●=8
8−★=2 → ★=6

◆×◆=■
■×◆=●
●−★=◆

◆=2, ★= 6

◆+◆+◆=■
●+◆=■
■×●=★

◆=1, ★= 6

◆+◆=■
◆+■=●
◆×■−▼=★

◆=2, ★= 0

◆+◆+◆=●
●×■=■
●−▼=■
★+■+◆=▼

◆=1, ★= 5

2+2=■ → ■=4
2+4=● → ●=6
6+4−2=▼ → ▼=8
2×4−8=★ → ★=0

노크 포인트

도형이 나타내는 수를 차례로 넣어 구할 수 있습니다.

▲+2=4
●+●=▲   ①▲+2=4 → ▲=2
●+▲=■   →   ②●+●=▲ → ●+●=2 → ●=1
               ③●+▲=■ → ■=1+2=■ → ■=3

도형이 만든 퍼즐

다음 퍼즐의 가운데 수는 둘러싼 도형이 나타내는 수의 곱입니다. 같은 도형은 같은 수, 다른 도형은 다른 수를 나타낸다고 할 때, ■의 값을 구하시오.

❶ 첫 번째 퍼즐에서 ●를 4번 곱한 수가 81입니다. 81을 같은 수 4개의 곱으로 나타내고, ●의 값을 구하시오. 3

81= 3 × 3 × 3 × 3

❷ ❶에서 구한 ●의 값을 사용하여 두 번째 퍼즐에서 ◆의 값을 구하시오. 2

12=●×●×◆= 3 ×◆×◆
12=3×2×2이므로 ◆=2

❸ 마지막 퍼즐의 ▢ 안에 ●, ◆가 나타내는 수를 모두 쓰고 ■의 값을 구하시오. 4

[합]

1 다음 퍼즐의 왼쪽과 아래쪽의 수는 각 가로줄과 세로줄에 있는 도형이 나타내는 수의 합입니다. 같은 도형은 같은 수, 다른 도형은 다른 수를 나타낸다고 할 때, ▢ 안에 알맞은 수를 써넣으시오.

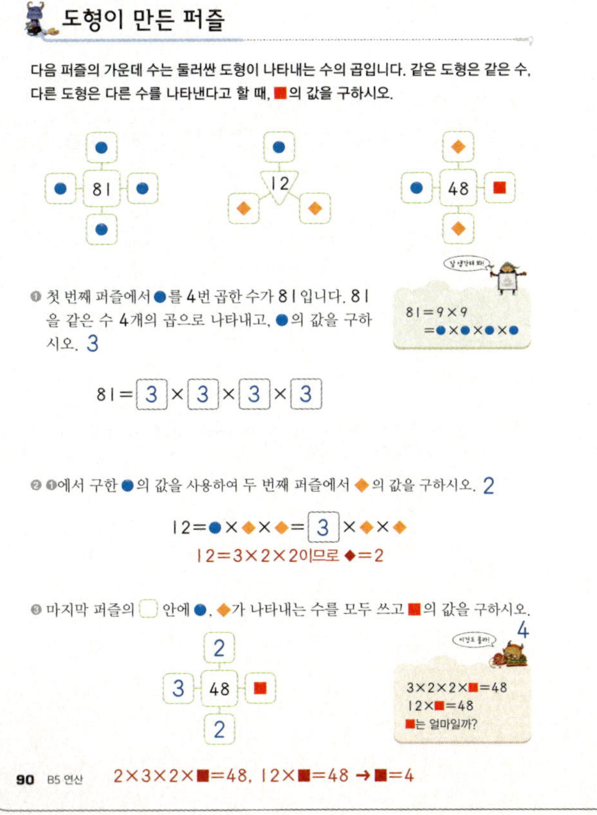

◆+◆=10 → ◆=5
◆+★=12 → 5+★=12 → ★=7
★+●=15 → 7+●=15 → ●=8
◆+●=5+8=13

2 [곱과 합]
보기와 같이 가로줄에 놓인 도형이 나타내는 수의 곱을 퍼즐의 오른쪽에 쓰고, 합을 퍼즐의 아래쪽에 씁니다. ●, ◆, ★이 나타내는 수의 합을 구하시오. 9

보기
①▲×■=6
②▲+■=4

●×●×◆=18
◆×◆×★=16
18=3×3×2 → ●=3, ◆=2, ★=4
16=2×2×4
●+◆+★=3+2+4=9

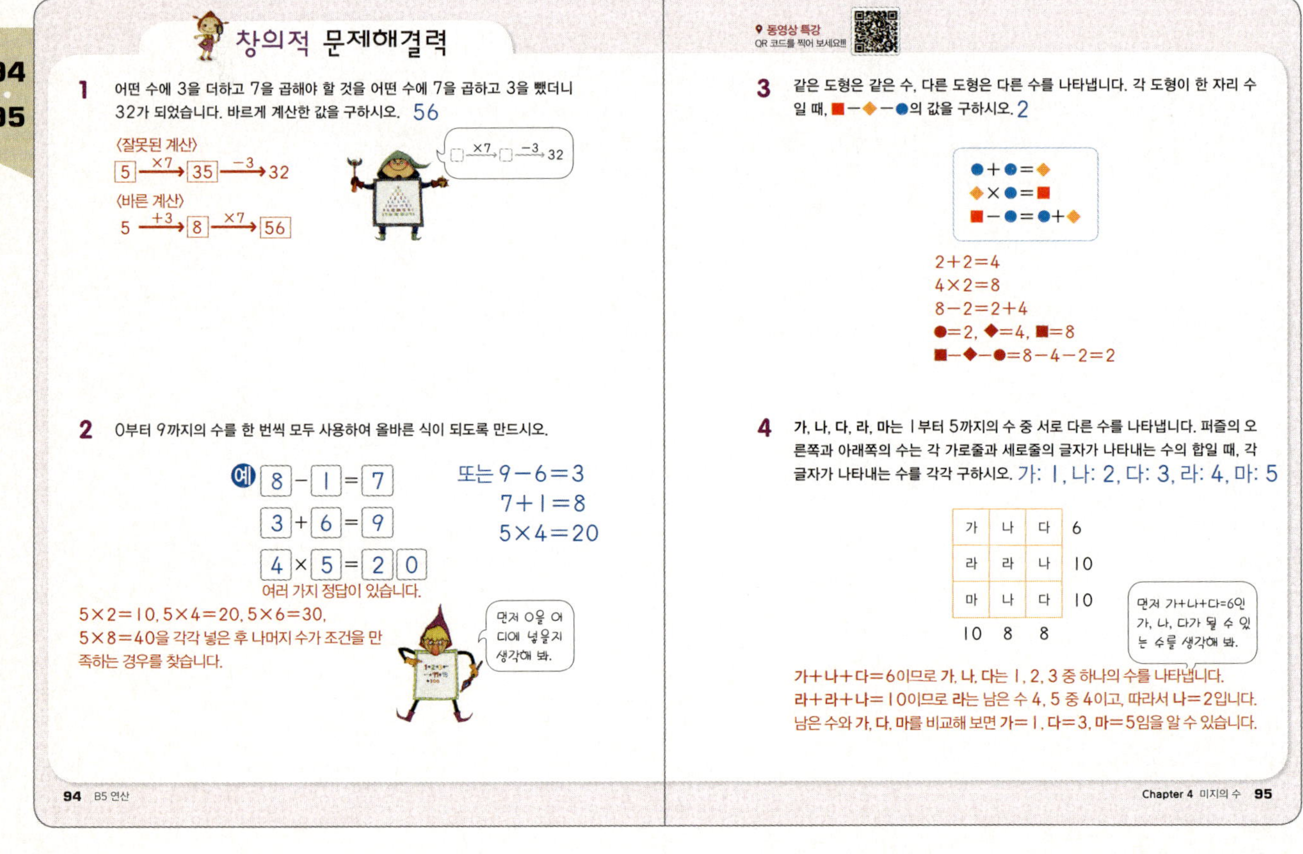

92
93

도형이 만든 식

다음 식에서 각 요괴들은 1부터 5까지의 수 중 하나를 가리고 있습니다. 같은 요괴는 같은 수를, 각 요괴는 서로 다른 수를 가렸을 때, 와 가 가리고 있는 수를 각각 구해 봅시다.

㉠   +   =

㉡   −   =

㉢   ×   =

❶ 식 ㉢에서 가 가리고 있는 수를 구하시오. 1
곱해서 같은 수가 나오려면 곱하는 수가 1이어야 합니다.

곱해서 같은 수가 나온다고? 그런 수는 하나밖에 없어.

❷ 식 ㉡에서 , 가 가리고 있는 수를 차례로 쓰시오. 4, 2
2−1=1 또는 4−2=2가 식 ㉡을 만족하나 ❶에서 1을 사용했으므로 1은 들어갈 수 없습니다. 따라서 각각 4, 2입니다.

❸ 각 요괴가 가리고 있는 수를 □ 안에 써넣으시오.
1   2   3   4   5

식 ㉠에서 가 가리고 있는 수를 구해 보렴. 1부터 5까지의 수 중 남는 수는 가 가리고 있는 수가 되겠구나.

92 B5 연산

[★이 나타내는 수]
1 다음 식에서 같은 도형은 같은 수를, 다른 도형은 다른 수를 나타냅니다. ★이 나타내는 수를 구하시오. 5

●×●=●+●
●×●=▼
■+■=●
▼+■=★

●×●=●+●
●를 구할 수 있겠지?

2×2=2+2 → ●=2
2×2=▼ → ▼=4
■+■=2 → ■=1
4+1=★ → ★=5

[도형이 나타내는 수]
2 다음 계산에서 ■, ●, ▼, ★은 서로 다른 한 자리 수를 나타냅니다. 각 도형이 나타내는 수를 각각 구하시오.

■+■는 한 자리 수, ■×■는 두 자리 수야. ■가 나타내는 수는 뭘까?

■: 4   ●: 8   ▼: 1   ★: 6

■+■는 한 자리 수이고 ■×■는 두 자리 수인 ■=4입니다.
4+4=● → ●=8
4×4=▼★ → ▼=1, ★=6

Chapter 4 미지의 수 93

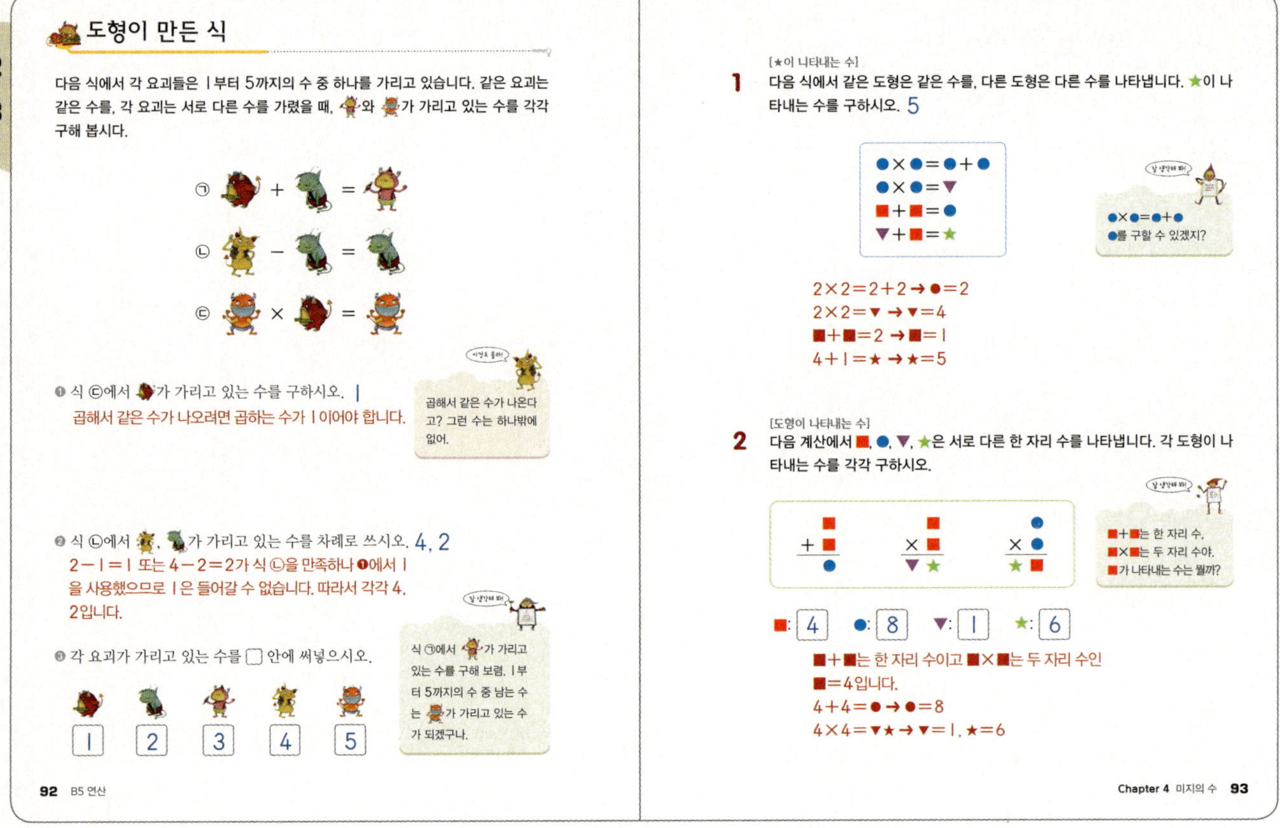

94
95

창의적 문제해결력

1 어떤 수에 3을 더하고 7을 곱해야 할 것을 어떤 수에 7을 곱하고 3을 뺐더니 32가 되었습니다. 바르게 계산한 값을 구하시오. 56

□ ×7 □ −3 32

〈잘못된 계산〉
5 ×7 35 −3 32
〈바른 계산〉
5 +3 8 ×7 56

2 0부터 9까지의 수를 한 번씩 모두 사용하여 올바른 식이 되도록 만드시오.

예 8−1=7   또는 9−6=3
   3+6=9   7+1=8
   4×5=20   5×4=20
여러 가지 정답이 있습니다.

5×2=10, 5×4=20, 5×6=30, 5×8=40을 각각 넣은 후 나머지 수가 조건을 만족하는 경우를 찾습니다.

먼저 0을 어디에 넣을지 생각해 봐.

94 B5 연산

♥ 동영상 특강
QR 코드를 찍어 보세요!!!

3 같은 도형은 같은 수, 다른 도형은 다른 수를 나타냅니다. 각 도형이 한 자리 수일 때, ■−◆−●의 값을 구하시오. 2

●+●=◆
◆×●=■
■−●=●+◆

2+2=4
4×2=8
8−2=2+4
●=2, ◆=4, ■=8
■−◆−●=8−4−2=2

4 가, 나, 다, 라, 마는 1부터 5까지의 수 중 서로 다른 수를 나타냅니다. 퍼즐의 오른쪽과 아래쪽의 수는 각 가로줄과 세로줄의 글자가 나타내는 수의 합일 때, 각 글자가 나타내는 수를 각각 구하시오. 가: 1, 나: 2, 다: 3, 라: 4, 마: 5

가	나	다	6
라	라	나	10
마	나	다	10
10	8	8	

먼저 가+나+다=6인 가, 나, 다가 될 수 있는 수를 생각해 봐.

가+나+다=6이므로 가, 나, 다는 1, 2, 3 중 하나의 수를 나타냅니다.
라+라+나=10이므로 라는 남은 수 4, 5 중 4이고, 따라서 나=2입니다.
남은 수와 가, 다, 마를 비교해 보면 가=1, 다=3, 마=5임을 알 수 있습니다.

Chapter 4 미지의 수 95

MEMO

MEMO

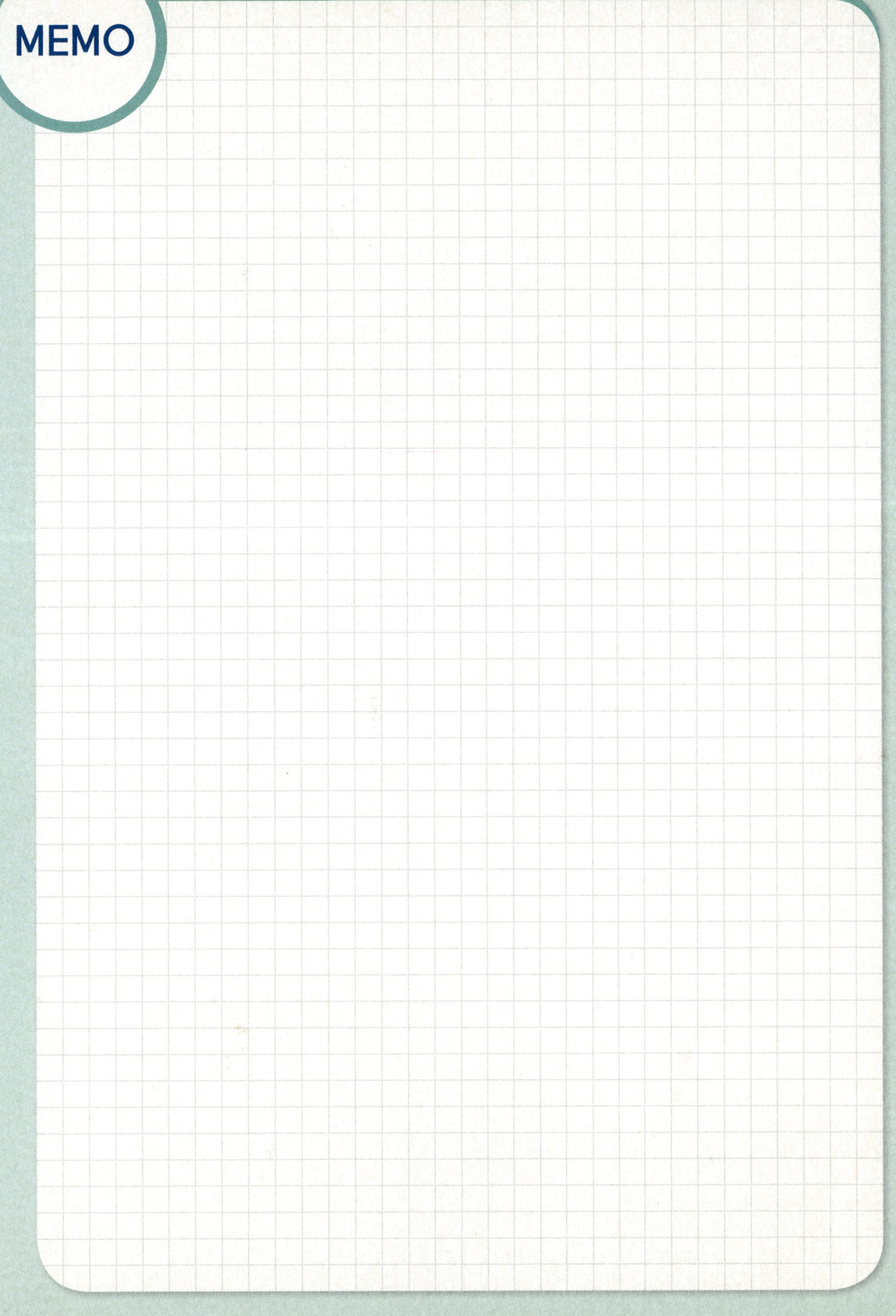
MEMO

숫자 카드를 한 번씩 모두 사용하여 다음 덧셈식을 만들려고 합니다. 계산 결과가 가장 큰 식과 가장 작은 식을 만들고, 각각 계산하시오.

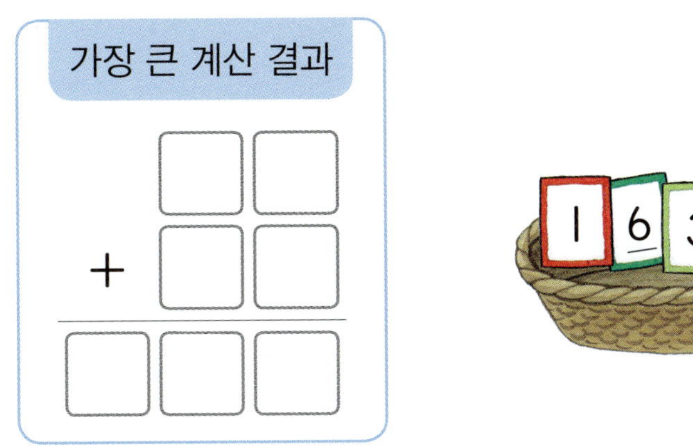

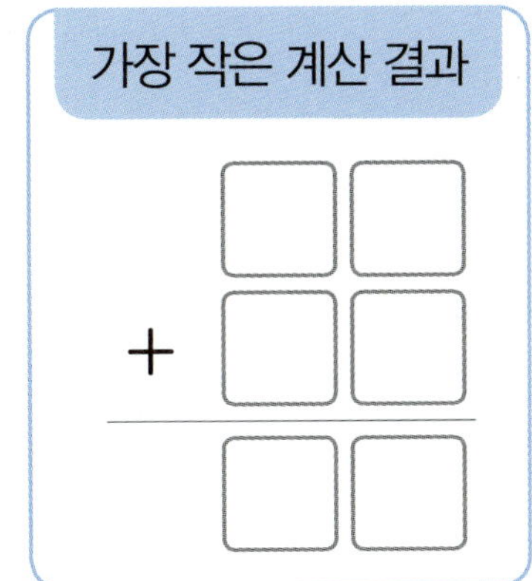

가장 작은 계산 결과

- 숫자 카드 ㉠, ㉡, ㉢, ㉣을 사용하여 합이 가장 큰 식과 합이 가장 작은 식을 만들 수 있습니다. (㉠>㉡>㉢>㉣)

〈합이 가장 큰 식〉 　　　　〈합이 가장 작은 식〉

```
   ㉠ ㉢              ㉢ ㉠
 + ㉡ ㉣            + ㉣ ㉡
 ───────           ───────
```

- 숫자 카드를 사용하여 차가 가장 큰 식과 차가 가장 작은 식을 만들 수 있습니다.

① 차가 가장 큰 식은 만들 수 있는 가장 큰 두 자리 수에서 가장 작은 두 자리 수를 빼는 식입니다.

② 차가 가장 작은 식은 십의 자리에 차가 가장 작은 두 숫자를 넣고, 남은 숫자 중 큰 수를 빼는 수의 일의 자리에, 나머지 수를 빼어지는 수의 일의 자리에 넣어서 만듭니다.

가장 큰 차, 가장 작은 차

숫자 카드 중 4장을 골라 한 번씩만 사용하여 다음 식을 만들려고 합니다. 차가 가장 작은 식을 만들었을 때의 계산 결과를 알아봅시다.

❶ 차가 가장 작은 식의 십의 자리에는 차가 가장 작은 두 수가 들어가야 합니다. 십의 자리에 들어갈 수 있는 숫자를 모두 고르시오.

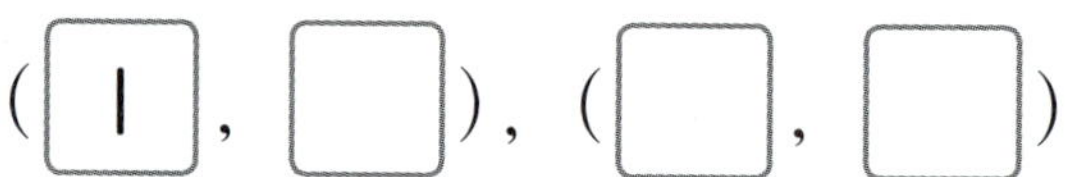

❷ ❶의 두 가지 경우의 숫자를 십의 자리에 넣어 두 가지 식을 만듭니다. 십의 자리에 넣은 숫자를 뺀 남은 숫자 중 가장 작은 숫자를 □에, 가장 큰 숫자를 □에 넣어 식을 완성하고, 계산 결과를 각각 구하시오.

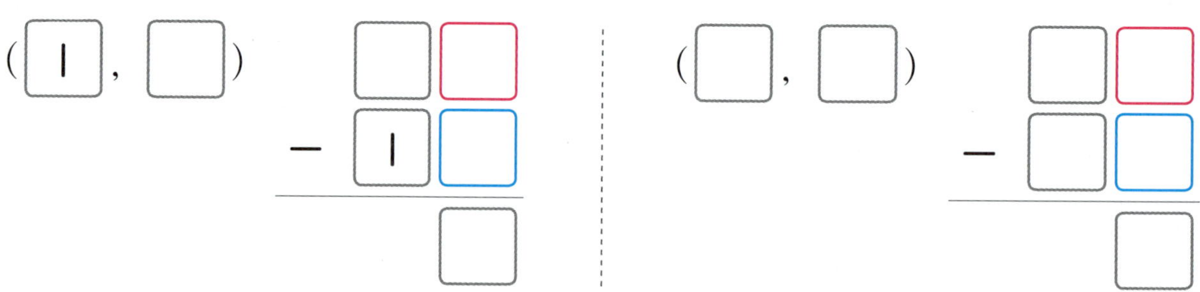

❸ ❷의 두 가지 경우 중 더 작은 계산 결과는 무엇입니까?

1 지오는 계산기를 사용하여 차가 가장 작은 식과 차가 가장 큰 식을 계산하였습니다. 색칠한 버튼만 눌러 계산하였다고 할 때, 지오가 계산한 식을 쓰시오.

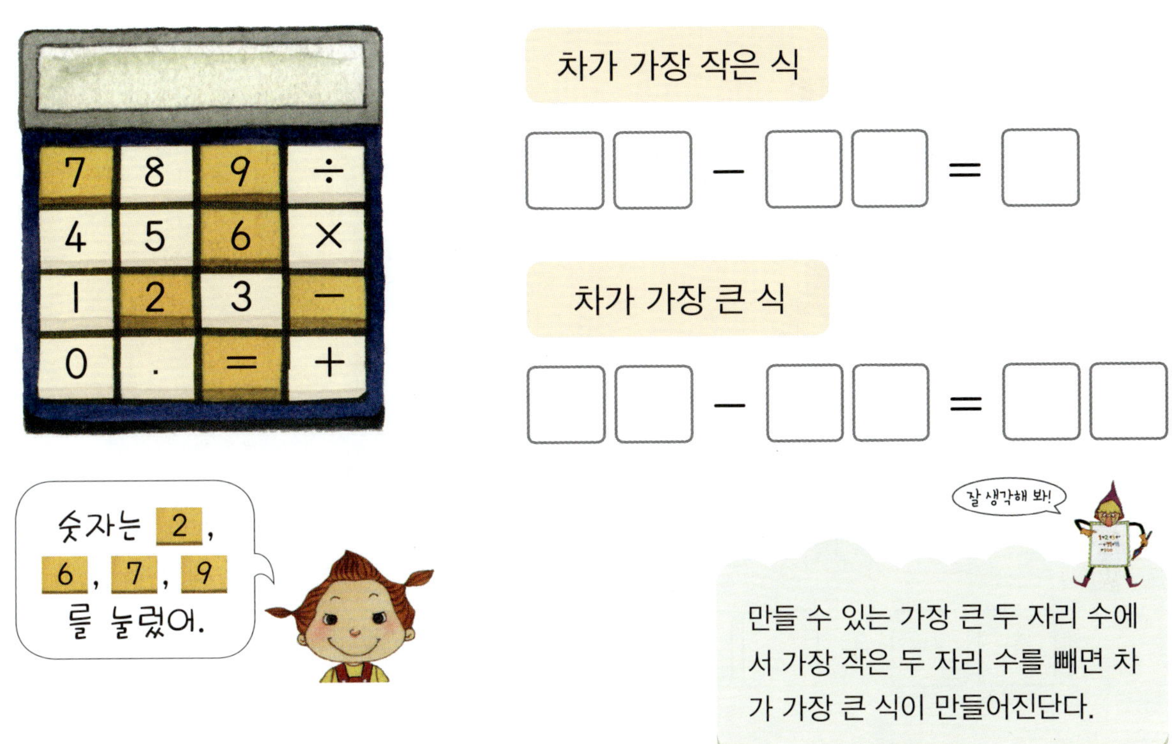

2 주어진 숫자 카드 중 4장을 한 번씩 사용하여 식 (두 자리 수)−(두 자리 수)를 만들었습니다. 계산 결과가 가장 큰 경우의 값과 가장 작은 경우의 값을 찾아 색칠하시오.

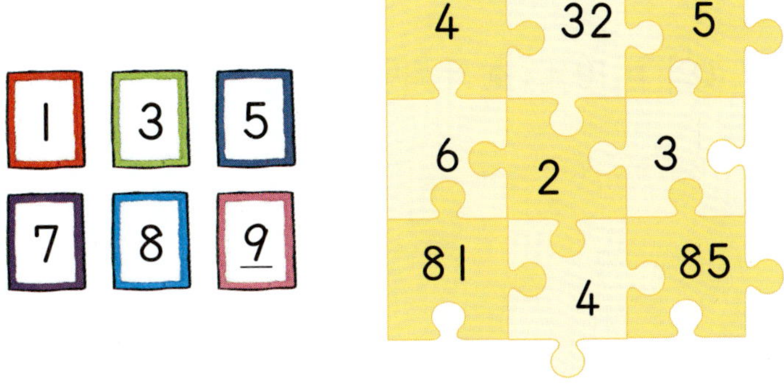

가장 크게, 가장 작게

마법 나라에는 마법의 비법이 들어 있는 금고가 있습니다. 금고의 비밀 번호는 1부터 6까지의 숫자를 한 번씩 모두 사용하여 만든 다음 식의 계산 결과가 가장 클 때의 값입니다. 비밀 번호를 알아봅시다.

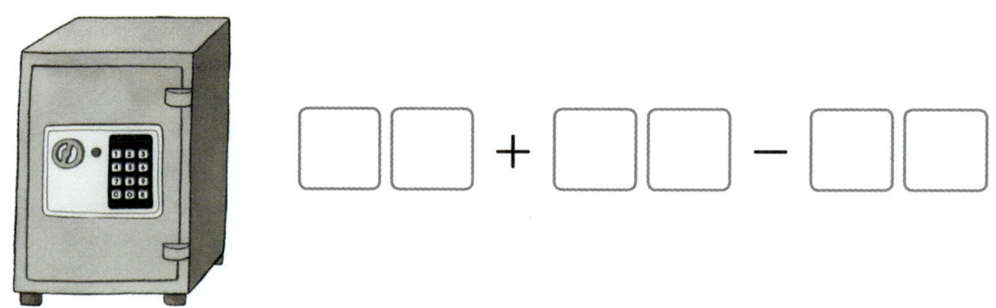

❶ 가장 큰 계산 결과를 얻으려고 할 때, ☐☐에 들어갈 수는 무엇입니까?

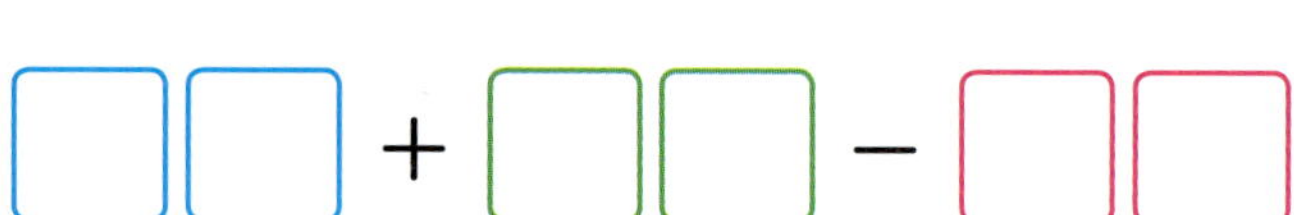

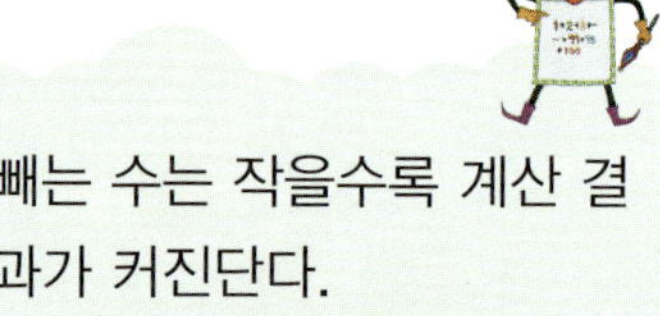

빼는 수는 작을수록 계산 결과가 커진단다.

❷ 계산 결과가 가장 클 때 ☐☐+☐☐를 구하시오.

❶에서 쓰고 남은 숫자로 합이 가장 큰
(두 자리 수)+(두 자리 수)
를 만들어 보자.

❸ 식을 계산하여 금고의 비밀 번호를 구하시오.

1 주어진 숫자 카드를 한 번씩 모두 사용하여 계산 결과가 가장 작은 다음 식을 만
드시오.

1 2 3 5 8

□□ − □□ + □

계산 결과가 가장 작은
(두 자리 수)−(두 자리 수)
를 먼저 만들어 보렴.

[1부터 9까지의 숫자]

2 1부터 9까지의 숫자를 한 번씩만 사용하여 다음 식을 만들었습니다. 계산 결과
가 가장 작을 때의 값을 구하시오.

❶ □□ + □ − □

❷ □□ + □ − □□

창의적 문제해결력

1 다음 수 배열표는 수가 일부분 보이지 않습니다. 수 배열표의 각 도형은 각 칸의 수를 나타냅니다. 다음 계산을 하시오.

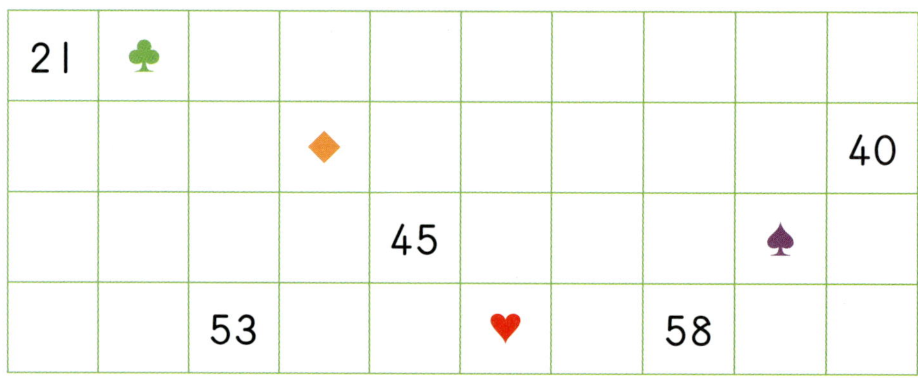

❶ ♣ ＋ ◆ － ♠　　　　　❷ ♥ － ♣ ＋ ♠

2 다음 식의 계산 결과가 100이 되도록 숫자 5개를 0으로 바꾸어 보시오. (단, 십의 자리에도 0이 들어갈 수 있습니다.)

$$11 ＋ 22 ＋ 33 ＋ 44 ＋ 55 ＋ 66$$

□□ ＋ □□ ＋ □□ ＋ □□ ＋ □□ ＋ □□

3 서로 다른 두 자리 수 ★과 ♣이 있습니다. 두 수의 합이 다음과 같을 때, ☐ 안
에 들어갈 수 있는 가장 큰 수와 가장 작은 수를 각각 구하시오.

$$★ + ♣ = 86$$

$$★ - ♣ = \boxed{}$$

4 숫자 카드를 한 번씩 모두 사용하여 식 (세 자리 수)−(세 자리 수)를 만들려고
합니다. 계산 결과가 가장 큰 식과 가장 작은 식을 만드시오.

[차가 가장 큰 식] [차가 가장 작은 식]

<table>
<tr><td>　</td><td>☐</td><td>☐</td><td>☐</td></tr>
<tr><td>−</td><td>☐</td><td>☐</td><td>☐</td></tr>
</table>

<table>
<tr><td>　</td><td>☐</td><td>☐</td><td>☐</td></tr>
<tr><td>−</td><td>☐</td><td>☐</td><td>☐</td></tr>
</table>

곱셈구구

주먹구구법은 중세 유럽에서 사용되던 것으로 지금도 프랑스 일부 지방의 농부들은 이 방법을 사용합니다. 주먹구구법은 **5**보다 큰 수의 곱을 손가락을 사용하여 구합니다.

① **6**부터 **9**까지의 수를 다음과 같이 손으로 나타내는 것을 약속합니다.

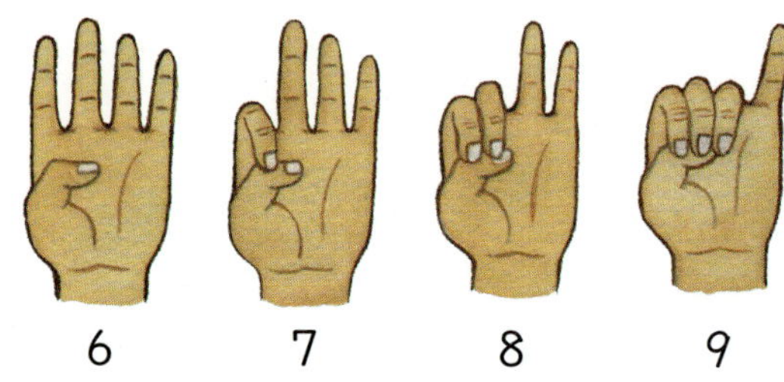

② 곱하는 두 수를 양손을 사용하여 각각 나타냅니다.

$$8 \times 6$$

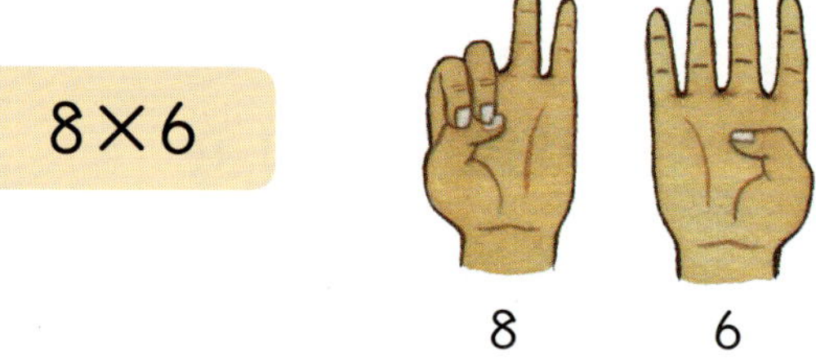

③ 양손의 접은 손가락의 개수의 합을 계산 결과의 십의 자리에 씁니다.

④ 양손의 편 손가락의 개수의 곱을 계산 결과의 일의 자리에 씁니다.

접은 손가락 개수의 합: $3 + 1 = 4$

편 손가락 개수의 곱 : $2 \times 4 = 8$

$$8 \times 6 = 48$$

주먹구구법을 사용하여 다음 곱셈을 해 보시오.

곱셈	접은 손가락 개수의 합	편 손가락 개수의 곱	계산 결과
7×9	$2+4=6$	$3 \times 1=3$	
8×8			
6×9			

노크 포인트

곱셈구구에서 각 단의 곱은 여러 가지 특징을 가지고 있습니다.

① 2의 단, 4의 단, 6의 단, 8의 단의 곱은 모두 짝수입니다.
② 1의 단, 3의 단, 5의 단, 7의 단, 9의 단의 곱은 홀수, 짝수가 반복됩니다.
③ 5의 단은 곱의 일의 자리 숫자가 5 또는 0입니다.
④ 9의 단은 곱의 일의 자리 숫자가 9부터 1까지로 모두 다릅니다.

# 곱의 일의 자리 숫자

지오는 0이 있는 점부터 2칸씩 뛰어서 센 점끼리 이었습니다. 지오와 같은 방법으로
0이 있는 점부터 시작하여 주어진 수의 칸만큼 뛰어 센 점끼리 이어 보시오.

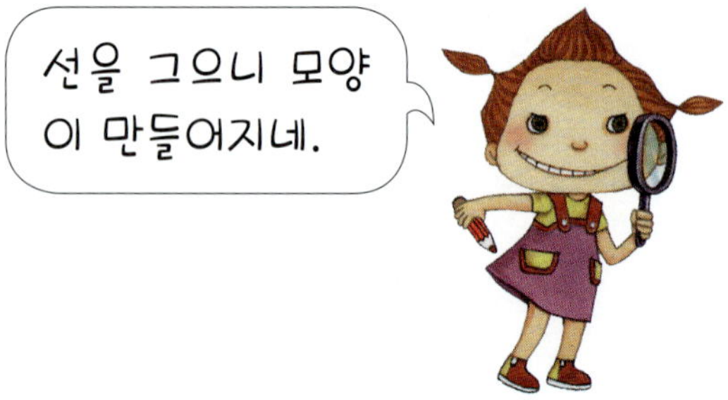

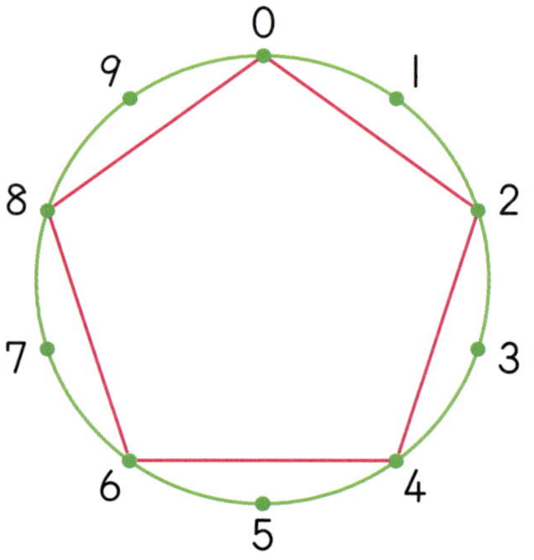

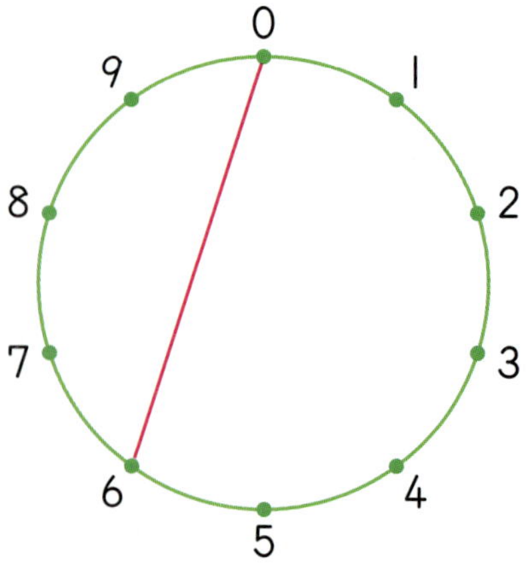

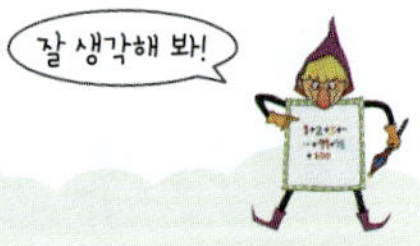

시계 방향으로 □칸씩 뛰어
센 점의 수는 □의 단 곱의
일의 자리 숫자와 같아. 그러
니까 각 단의 곱의 일의 자
리 숫자를 차례로 연결한 것
이지.

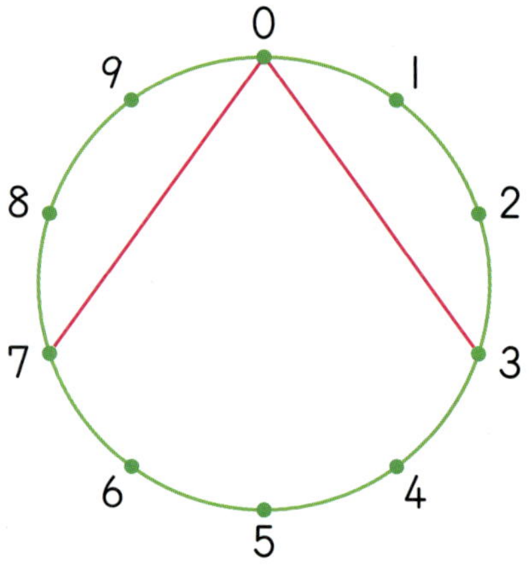

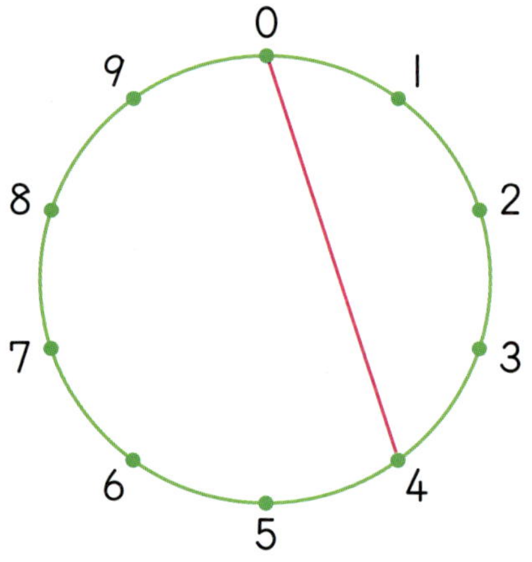

1 8의 단 곱의 일의 자리 숫자를 차례로 이어 나타내시오. 8의 단 곱의 일의 자리 숫자 중 가장 큰 숫자는 무엇입니까?

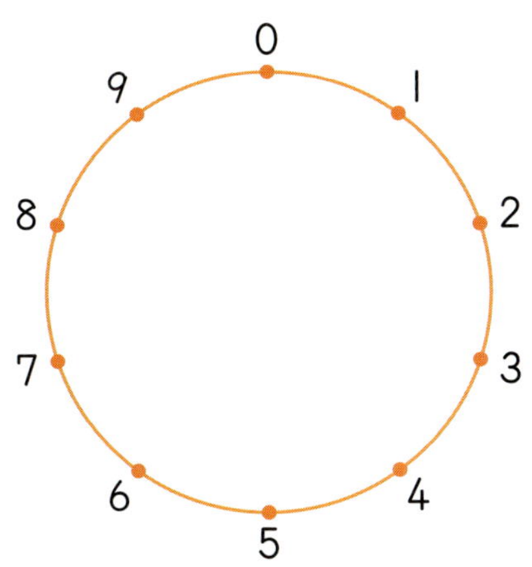

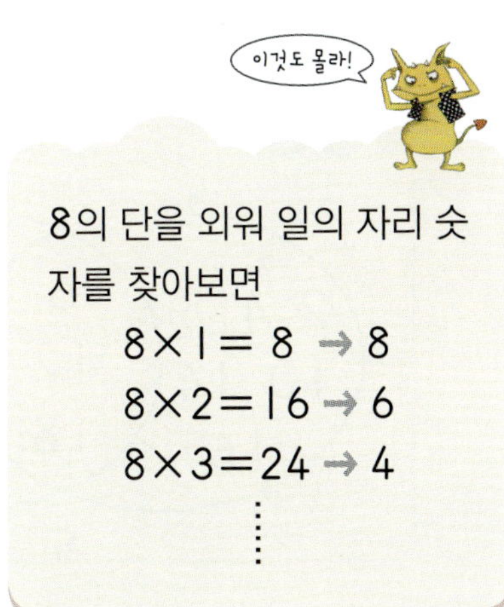

2 곱셈구구에서 다음과 같은 성질을 갖는 단을 찾아 ☐ 안에 알맞은 수를 써넣으시오.

❶ 곱의 일의 자리 숫자가 5와 0만 있습니다.

☐ 의 단

❷ 곱의 일의 자리 숫자가 모두 다릅니다.

☐ 의 단, ☐ 의 단, ☐ 의 단, ☐ 의 단

❸ 곱의 일의 자리 숫자가 모두 짝수입니다.

☐ 의 단, ☐ 의 단, ☐ 의 단, ☐ 의 단

벤 다이어그램

수학 요정은 보기 와 같은 규칙에 따라 세 곳 중 한 곳에 들어갑니다. 색칠한 곳에 들어가는 요정을 모두 찾아봅시다.

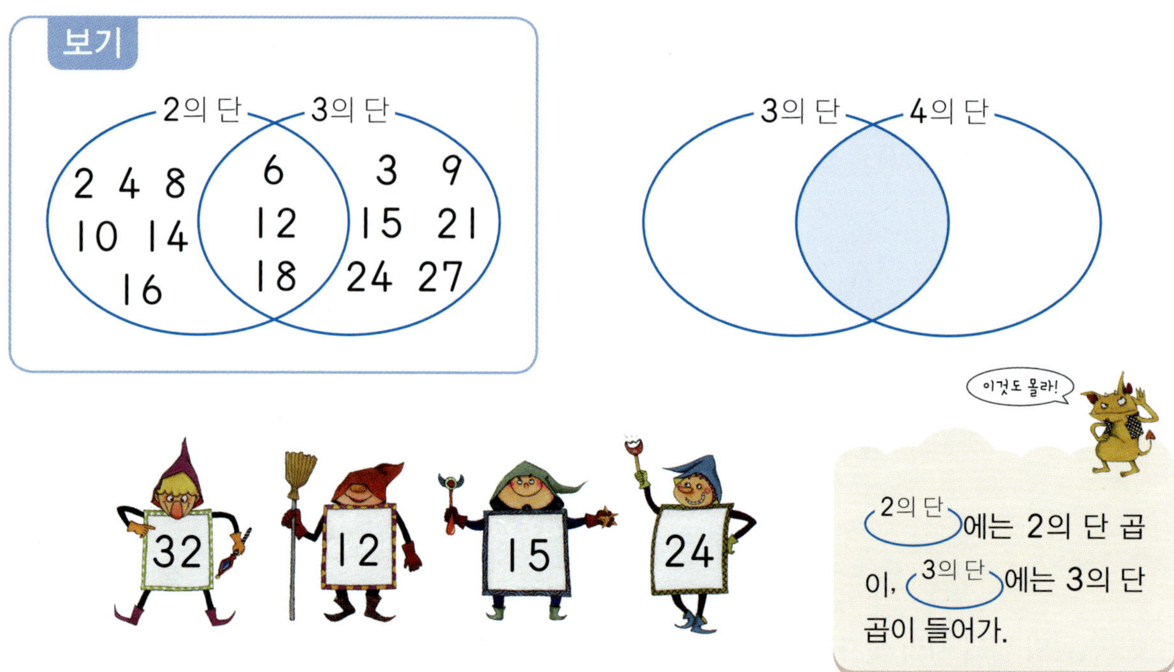

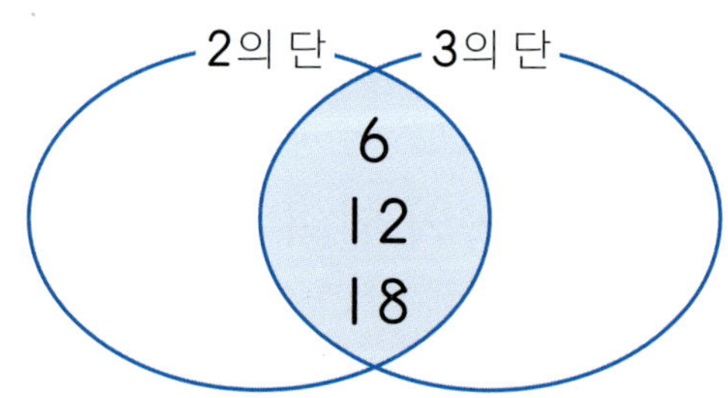

❶ 오른쪽을 보고 색칠한 부분에 들어가는 수의 규칙을 설명하시오.

❷ 3의 단 곱셈구구에서 4의 단 곱도 되는 수를 모두 쓰시오.

❸ 위의 요정 중 색칠한 곳에 들어가는 요정을 찾아 모두 ◯표 하시오.

[4의 단 안에 8의 단]

1 주어진 수를 보기 와 같은 규칙에 따라ㅤ⬭ㅤ안에 써넣으시오.

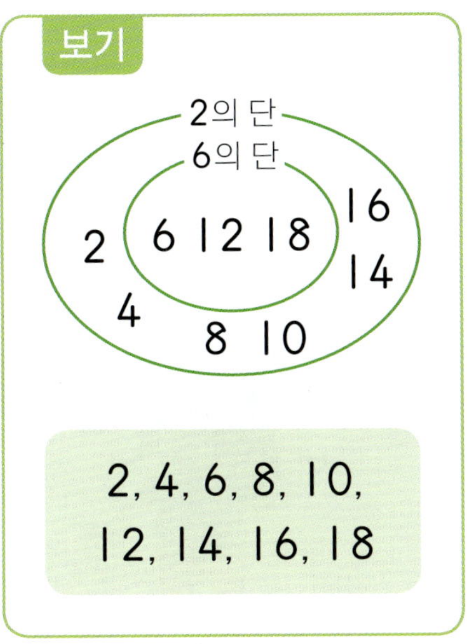

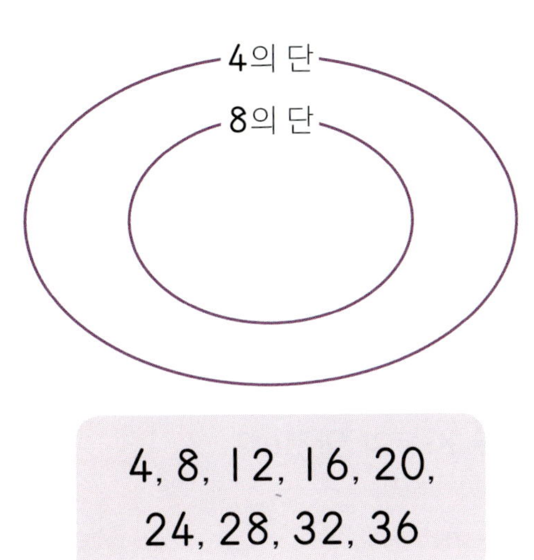

[어떤 수]

2 초이는 어떤 수가 적힌 구슬 하나를 가지고 있습니다. 다음을 보고 초이가 가진 구슬에 적힌 수를 구하시오.

초이

5 피타고라스의 표

어머니께서는 태경이에게 문구점에 가서 색연필을 사 오라고 하셨습니다. 태경이는 종이에 그려진 표를 보며 자신있게 심부름을 갔습니다.

태경이가 보고 있는 표는 다음과 같습니다. 표가 나타내는 것은 무엇이고, 태경이는 색연필 몇 자루를 사는지 구하시오.

×	1	2	3	4	5	6	7	8	9
1	1	2	3	4	5	6	7	8	9
2	2	4	6	8	10	12	14	16	18
3	3	6	9	12	15	18	21	24	27
4	4	8	12	16	20	24	28	32	36
5	5	10	15	20	25	30	35	40	45
6	6	12	18	24	30	36	42	48	54

다음 곱셈구구표의 일부분을 완성하시오.

×	3	5
4	12	
6		

×	1	7
2		
9		

×	4	8	9
3			
7			
8			

×	2	5	6
4			
6			
7			

노크 포인트

곱셈구구를 표로 정리한 것을 곱셈구구표 또는 피타고라스의 표라고 합니다. 곱셈구구표에는 여러 가지 규칙들이 있습니다.

① 곱셈구구표를 점선을 따라 접었을 때 만나는 수들이 모두 서로 같습니다.
② 점선이 지나는 칸에 놓인 수들은 모두 같은 수를 두 번 곱한 수입니다.
③ 곱셈구구표에서 가장 많이 나오는 수는 6, 8, 12, 18, 24입니다.

×	1	2	3	4	5	6	7	8	9
1									
2									
3									
4									
5									
6									
7									
8									
9									

곱셈구구표 복원

곱셈구구표의 일부분에 물감이 쏟아졌습니다. ㉠, ㉡, ㉢에 알맞은 수를 구해 봅시다.

×	1	2	3	4					
1	1	2	3						
2	2	4							
3	3			㉠					
4						㉡			
									45
			18	24	30	36	42	48	54
	7	14	21	28		42	49	㉢	

❶ 위 곱셈구구표에서 빨간색 선으로 둘러싸인 부분의 빈칸에 알맞은 수를 쓰시오.

❷ ㉠, ㉡, ㉢에서 만나는 가로줄과 세로줄의 두 수를 찾아 다음 곱셈식을 완성하시오.

㉠ = 3 × ☐

㉡ = ☐ × ☐

㉢ = ☐ × ☐

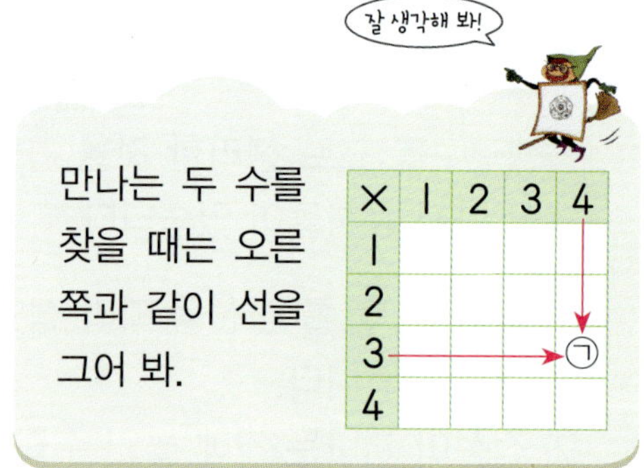

❸ ㉠, ㉡, ㉢에 알맞은 수를 각각 구하시오.

㉠: ☐   ㉡: ☐   ㉢: ☐

1 꼬마 요괴가 곱셈구구표를 여러 조각으로 나누어 놓았습니다. 곱셈구구표의 빈 칸에 알맞은 수를 써넣으시오.

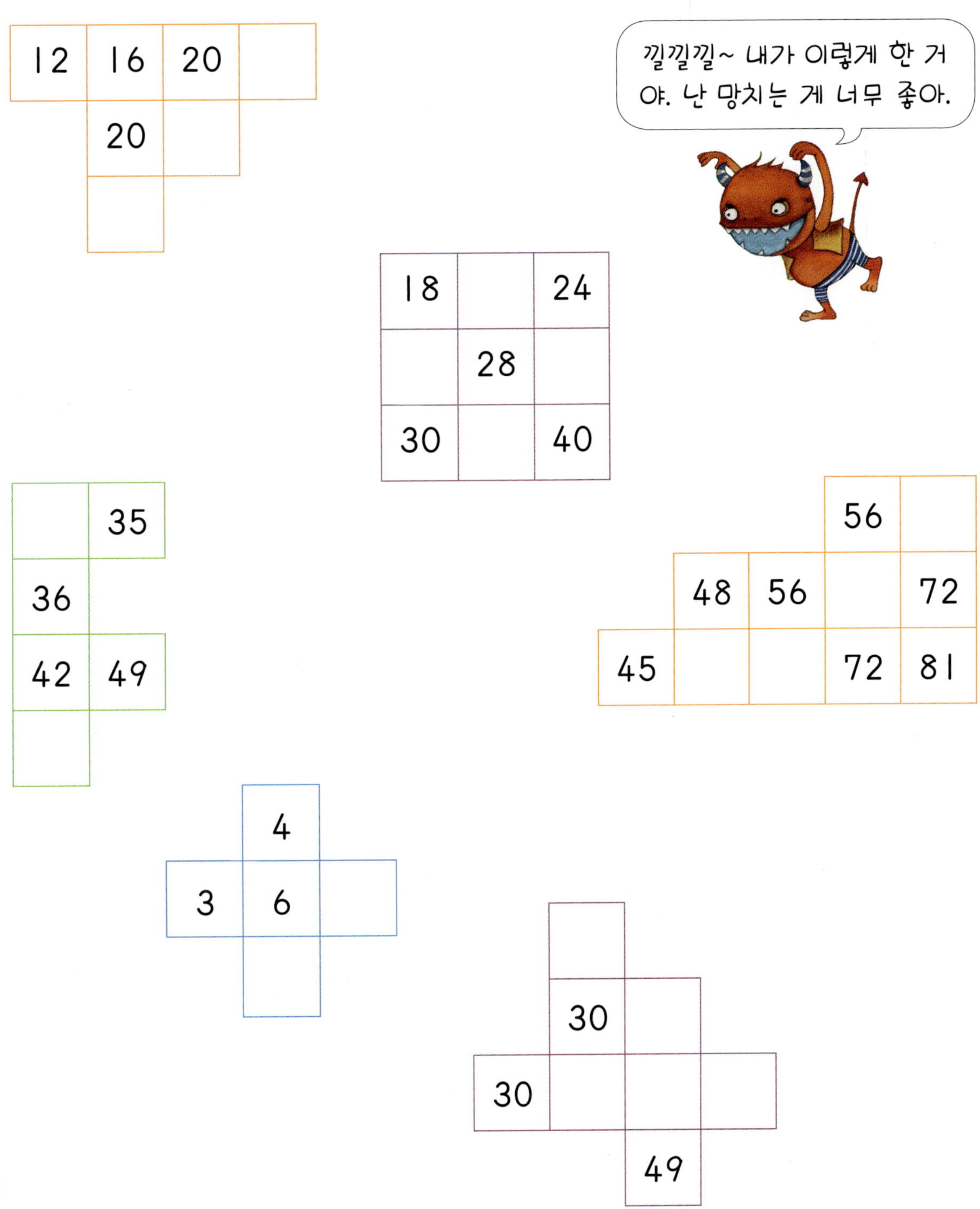

 # 곱셈구구표 관찰하기

곱셈구구표를 보고 물음에 답하시오.

×	1	2	3	4	5	6	7	8	9
1	1	2	3	4	5	6	7	8	9
2	2	4	6	8	10	12	14	16	18
3	3	6	9	12	15	18	21	24	27
4	4	8	12	16	20	24	28	32	36
5	5	10	15	20	25	30	35	40	45
6	6	12	18	24	30	36	42	48	54
7	7	14	21	28	35	42	49	56	63
8	8	16	24	32	40	48	56	64	72
9	9	18	27	36	45	54	63	72	81

❶ □ 안의 수들의 규칙을 찾아 **63** 다음에 올 수는 무엇인지 구하시오.

❷ 같은 수를 두 번 곱하여 나오는 수를 제곱수라고 합니다. 위 곱셈구구표에서 같은 수를 두 번 곱한 칸을 모두 색칠하고, 제곱수를 모두 쓰시오.

❸ 곱셈구구표에서 한 번만 나오는 곱을 모두 쓰시오.

1 점선을 따라 다음 곱셈구구표를 접었을 때, **가**, **나**와 만나는 칸을 각각 **다**, **라**라고 합니다. **다**, **라**를 찾아 색칠하고, **다**, **라**에 알맞은 수를 각각 쓰시오.

다: ☐ 　　　　라: ☐

점선을 따라 곱셈구구표를 접을 때 만나는 칸에는 항상 같은 수가 쓰여 있단다.

2 12와 24는 곱셈구구표에서 가장 많이 나오는 곱 중 하나입니다. 1부터 9까지의 수 중 ☐ 안에 알맞은 수를 써넣어 곱셈식을 완성하시오. (단, 곱하는 두 수의 순서가 다르면 다른 식으로 봅니다.)

12 = ☐ × ☐ = ☐ × ☐ = ☐ × ☐ = ☐ × ☐

24 = ☐ × ☐ = ☐ × ☐ = ☐ × ☐ = ☐ × ☐

곱셈 놀이

지오가 수학 요정의 도움을 받아 미로를 통과합니다. 지오가 지나는 길을 나타내어 보시오.

4	8	32			2		6
	3		9	1	9		9
	24				18		
		4					
6			9			2	
	2						
36					9		72

두 수의 곱을 보고 곱의 특징을 이용하여 곱한 두 수를 찾을 수 있습니다.

① 35: 일의 자리 숫자가 5이므로 5의 단 곱셈구구입니다.
$$5 \times 7 = 35$$

② 12: 일의 자리 숫자가 짝수이므로 2의 단, 4의 단, 6의 단, 8의 단에서 찾아봅니다.
$$2 \times 6 = 12, \quad 4 \times 3 = 12$$

조건에 맞는 곱

주머니 안에 0부터 9까지의 수가 쓰여진 10개의 구슬이 들어 있습니다. 아인, 초이, 태경, 지오가 구슬 2개씩을 꺼내며 수의 곱을 이야기합니다. 남은 구슬 2개를 딴소리 요괴가 가져가며 말한 수의 곱을 보고 딴소리 요괴가 뽑은 구슬에 적힌 수를 알아봅시다.

❶ 다음 10개의 구슬 중 태경이가 뽑은 구슬 2개를 찾아 ✕표 하시오.

❷ 다음 곱셈식을 완성하고 초이와 아인이가 뽑은 구슬을 ❶에서 찾아 ✕표 하시오.

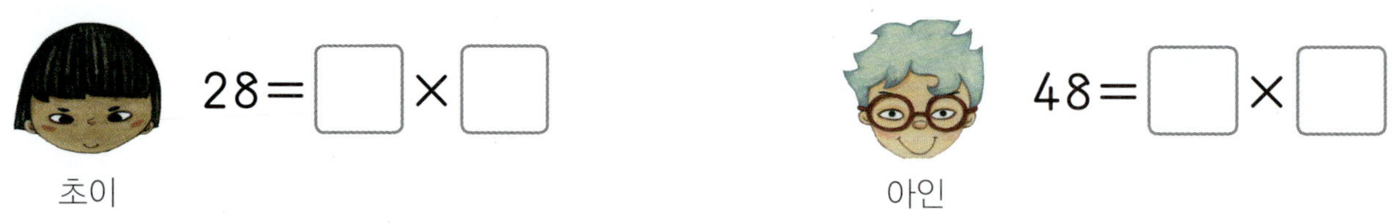

초이　　28 = ☐ × ☐　　　　아인　　48 = ☐ × ☐

초이　　　　　　　　　　　　아인

❸ 남은 구슬 중 지오가 뽑은 구슬을 뺀 나머지 구슬을 딴소리 요괴가 뽑았습니다. 딴소리 요괴가 뽑은 두 구슬은 각각 어떤 수가 쓰여 있습니까?

1 주어진 숫자 카드를 한 번씩 모두 사용하여 곱셈식을 모두 완성하시오.

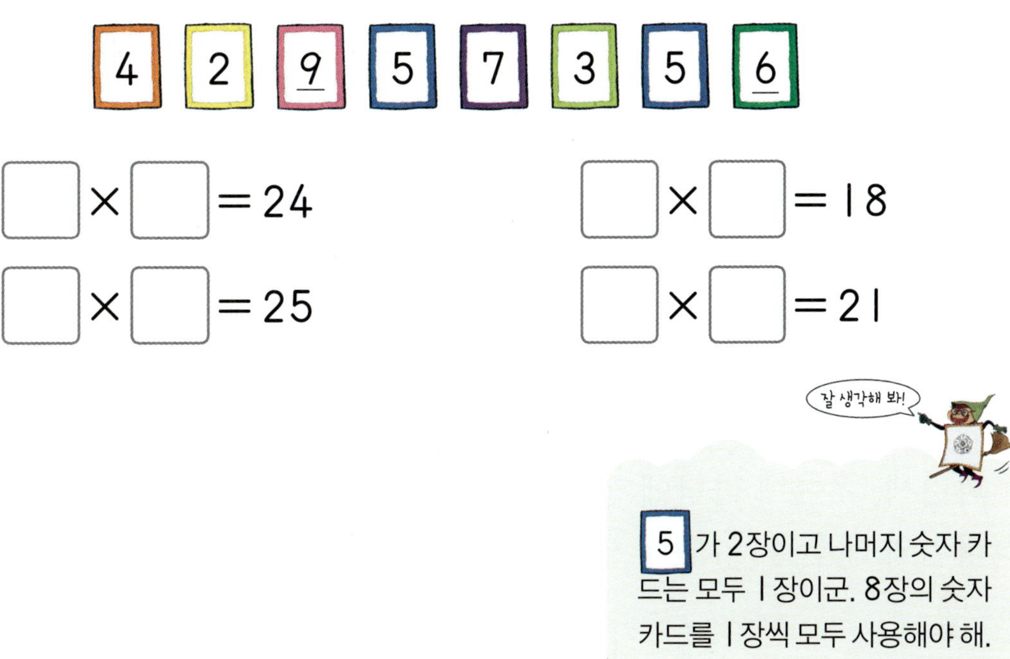

$$\square \times \square = 24 \qquad \square \times \square = 18$$

$$\square \times \square = 25 \qquad \square \times \square = 21$$

2 태경이의 형과 이모, 어머니는 자신의 나이의 십의 자리 숫자와 일의 자리 숫자를 곱하여 말했습니다. 다음 조건 에 맞는 세 명의 나이를 구하시오.

조건

- 세 명의 나이는 모두 두 자리 수이고, 나이를 이루는 숫자는 모두 다릅니다.
- 나이는 어머니가 가장 많고, 형이 가장 적습니다.
- 어머니의 나이는 홀수입니다.

타일의 개수

크기가 같은 정사각형 모양 타일을 다음과 같은 모양의 바닥에 빈틈없이 깔려고 합니다. 주황색 바닥에 깔 타일의 개수를 구해 봅시다.

❶ 파란색, 초록색 바닥에 깐 타일을 개수에 맞게 그렸습니다. 가로, 세로로 놓인 타일의 개수를 ☐ 안에 써넣으시오.

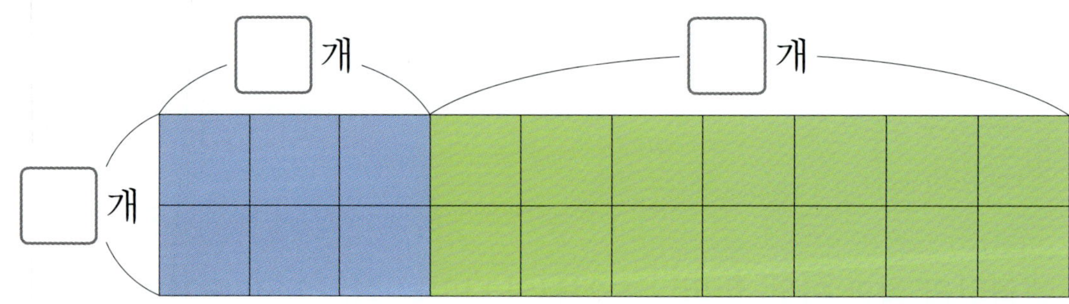

❷ 바닥에 깔린 타일의 개수를 곱셈표로 나타낸 것입니다. 다음 표의 빈칸에 알맞은 수를 써넣으시오.

×		
2	6	14
	9	

❸ 주황색 바닥에 깔 타일의 개수를 구하시오.

1 다음 곱셈표에서 가, 나, 다, 라에 들어갈 수를 각각 구하시오.

×			3	
	가	18	6	8
6	42	나	다	라

가: ☐   나: ☐   다: ☐   라: ☐

2 정사각형 모양 타일 90개를 사용하여 직사각형 모양 바닥을 빈틈없이 덮었습니다. 직사각형 바닥의 세로에 놓인 타일은 9개입니다. 가, 라에 놓인 타일의 개수가 다음과 같을 때, 나에 있는 타일의 개수를 구하시오.

<table>
<tr><td>가
12개</td><td colspan="2">나</td></tr>
<tr><td>다</td><td colspan="2">라 35개</td></tr>
</table>

9개

1 다음과 같이 손가락을 이용하여 9의 단 곱셈구구를 할 수 있습니다.

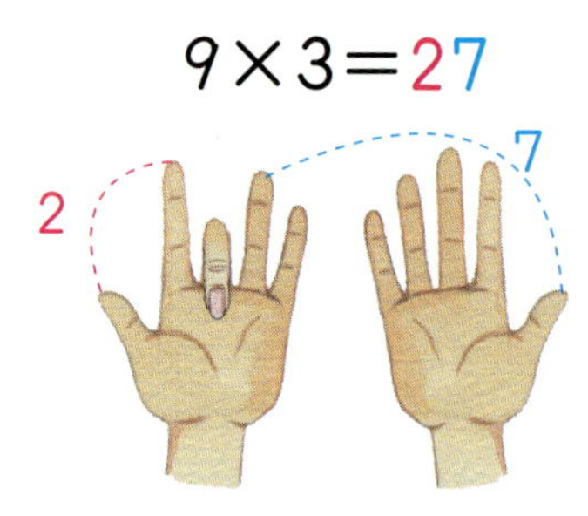

$$9 \times 3 = 27$$

① 곱하는 수가 3이므로 왼손의 세 번째 손가락을 접습니다.

② 접은 손가락의 왼쪽에 있는 손가락의 수는 곱의 십의 자리 숫자, 오른쪽에 있는 손가락의 수는 곱의 일의 자리 숫자가 됩니다.

같은 방법으로 다음 곱셈구구를 해 보시오.

❶ 9×5

❷ 9×9

2 삼각형 안의 수는 꼭짓점에 있는 세 수의 곱입니다. ◯ 안에 알맞은 수를 써넣으시오.

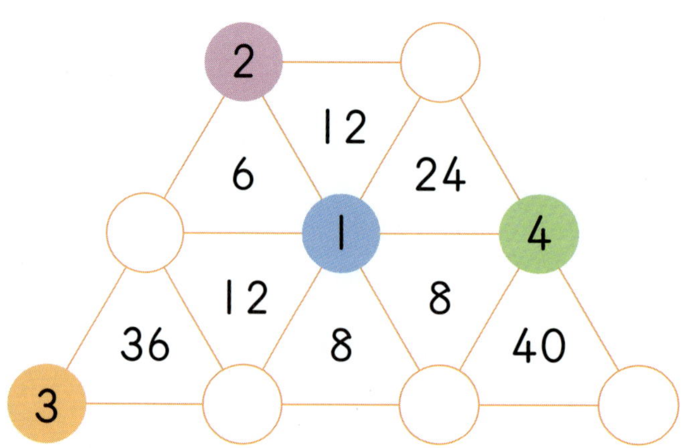

3 성냥개비 한 개를 옮겨서 올바른 곱셈식을 만들어 보시오.

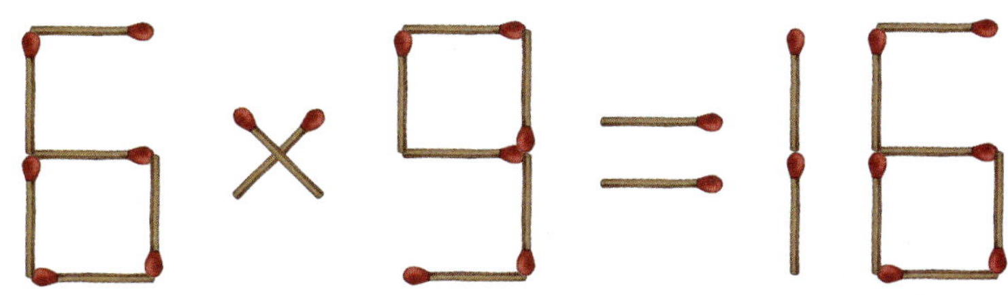

올바른 식

4 ● 안에 있는 수는 각각 가로, 세로줄에 있는 두 수의 곱입니다. **1**부터 **8**까지의 수를 색칠하지 않은 빈 곳에 한 번씩 써넣어 다음을 완성하시오.

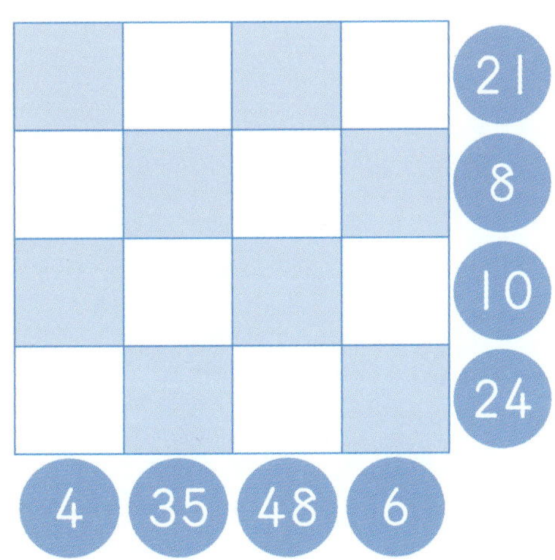

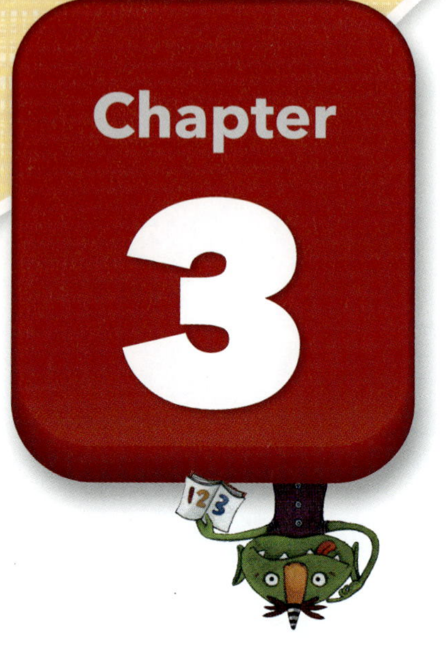

Chapter 3

덧셈과 곱셈

7 덧셈을 곱셈으로

곱셈구구표의 일부분입니다. 초이와 아인이는 각자 표에서 색칠한 부분의 수의 합을 구하고, 식으로 나타내었습니다.

×	1	2	3	4	5	6
1	1	2	3	4	5	6
2	2	4	6	8	10	12
3	3	6	9	12	15	18
4	4	8	12	16	20	24

초이는 색칠한 부분의 수를 하나씩 더하여 합을 구하였습니다. 아인이는 어떤 방법으로 합을 구하였는지 이야기하여 보시오.

아인이와 같은 방법으로 다음 곱셈표의 색칠한 수의 합을 구하려고 합니다. ☐ 안에 알맞은 수를 써넣으시오.

×	2	3	4
2	4	6	8
5	10	15	20

$$\boxed{2}+\boxed{3}+\boxed{4}=\boxed{}$$
$$\boxed{2}+\boxed{5}=\boxed{}$$
$$\rightarrow \boxed{}\times\boxed{}=\boxed{}$$

×	5	1	2
3	15	3	6
1	5	1	2
4	20	4	8

$$\boxed{}+\boxed{}+\boxed{}=\boxed{}$$
$$\boxed{}+\boxed{}+\boxed{}=\boxed{}$$
$$\rightarrow \boxed{}\times\boxed{}=\boxed{}$$

1, 2, 3과 같이 연속되어 있는 수를 연속수라고 합니다. 연속수의 합은 연속된 수 중 가운데에 있는 중앙수를 이용하여 곱셈으로 구할 수 있습니다.

$$1+2+3+4+5+6+7=4+4+4+4+4+4+4=4\times7=28$$

연속수의 합

주머니 속 사탕의 개수가 연속수를 이루고 있을 때, 곱셈식을 이용하여 사탕 개수의 합을 구해 봅시다.

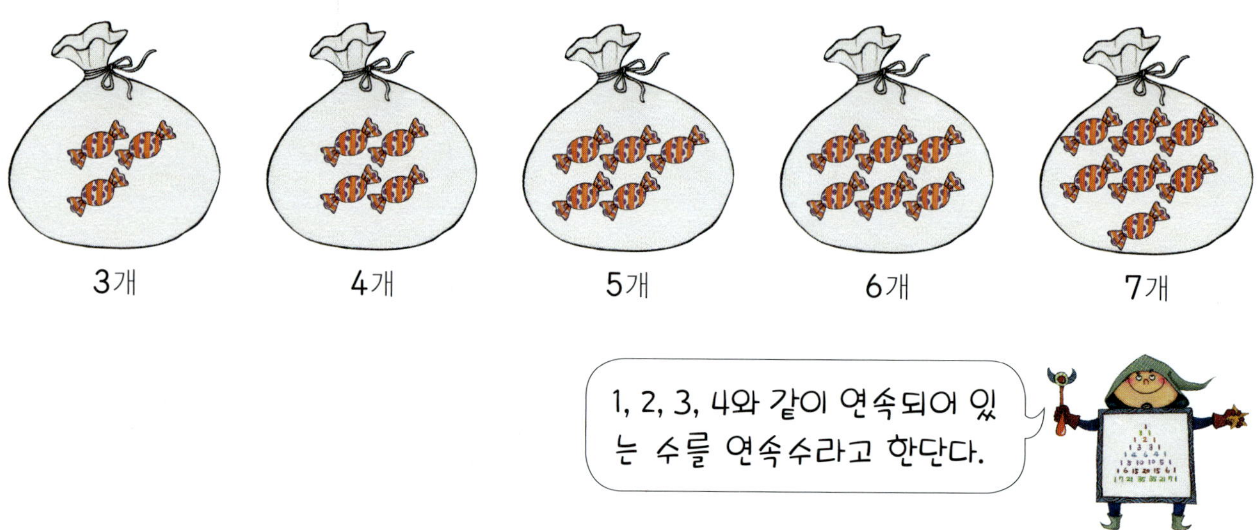

❶ 사탕을 옮겨서 주머니 속 사탕의 개수가 모두 같아지도록 만들려고 합니다. 다음과 같이 ○, ✕를 사용하여 그림으로 나타내시오.

❷ ❶과 같이 사탕을 옮기고 난 후 주머니 속 사탕은 몇 개씩입니까?

❸ 다음 곱셈식을 완성하고, 주머니 속 사탕 개수의 합을 구하시오.

$$\boxed{} \times \boxed{} = \boxed{} \text{(개)}$$

1 연속한 7개의 수의 합이 56일 때, 이 수 중에서 가장 큰 수를 구하시오.

$$\square + \square + \square + \square + \square + \square + \square = 56$$

[짝수 개]

2 보기 와 같은 방법으로 연속수가 짝수 개 있을 때 연속수의 합을 구하시오.

> **보기**
>
> $$1 + 2 + 3 + 4 + 5 + 6 = 7 \times 3 = 21$$
> 7
> 7
> 7

❶ $2 + 3 + 4 + 5 + 6 + 7$

❷ $1 + 2 + 3 + 4 + 5 + 6 + 7 + 8$

다음은 어느 해의 I0월 달력입니다. 달력의 색칠한 날짜의 합을 곱셈구구를 이용하여 구해 봅시다.

일	월	화	수	목	금	토
		1	2	3	4	5
6	7	8	9	10	11	12
13	14	15	16	17	18	19
20	21	22	23	24	25	26
27	28	29	30	31		

❶ 9와 대각선 방향으로 놓여 있는 두 수의 합을 각각 구하고 9의 곱으로 나타내어 보시오.

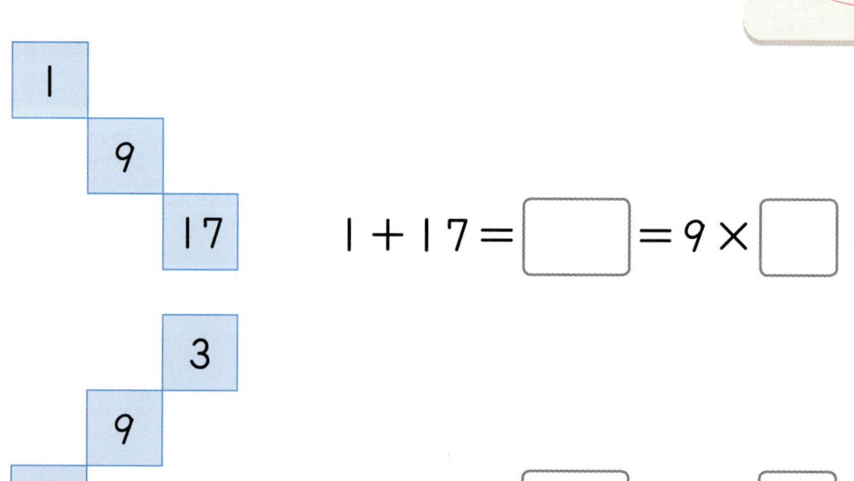

$1 + 17 = \boxed{} = 9 \times \boxed{}$

$3 + 15 = \boxed{} = 9 \times \boxed{}$

❷ 달력의 색칠한 날짜의 합을 곱셈식으로 나타내어 구하시오.

$\boxed{} \times \boxed{} = \boxed{}$

1 다음과 같이 카드를 나열하였습니다. 곱셈구구를 사용하여 빨간 카드에 있는 수의 합을 구하시오.

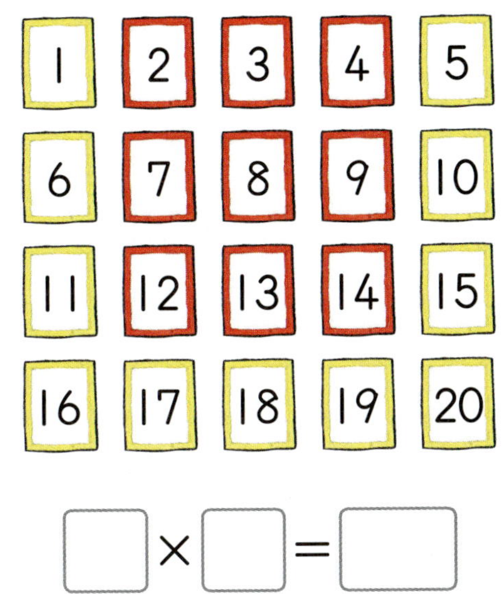

빨간 카드의 수 중에서 가운데에 있는 수를 찾아봐.

$$\boxed{} \times \boxed{} = \boxed{}$$

2 태경이는 일요일부터 토요일까지 일주일 동안 동생에게 매일 책을 읽어 주기로 하였습니다. 책을 읽어 주는 일주일 동안의 날짜의 합이 35일 때, 첫 날인 일요일은 며칠인지 구하시오.

곱의 합, 차

어머니가 시장에서 귤을 사 오셨습니다.

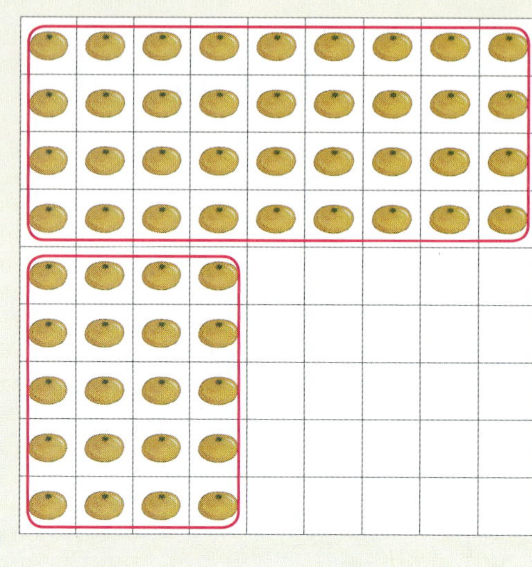

$$(9 \times 4) + (4 \times 5) = 56(개)$$

그림을 보고 위와 다른 방법으로 귤은 모두 몇 개인지 구해 보시오.

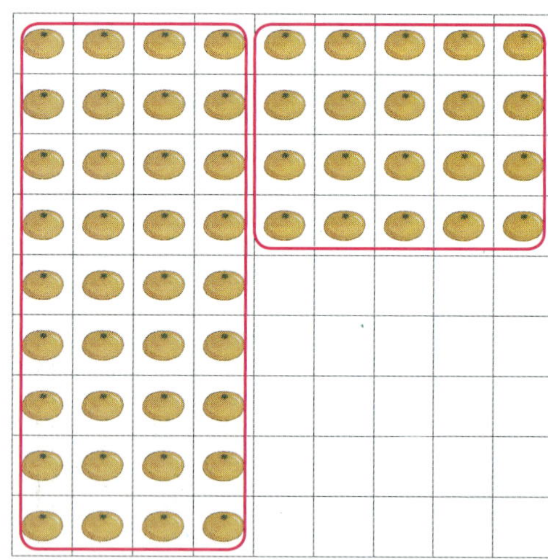

4개씩 9묶음과 5개씩 4묶음을
더하여 구합니다.

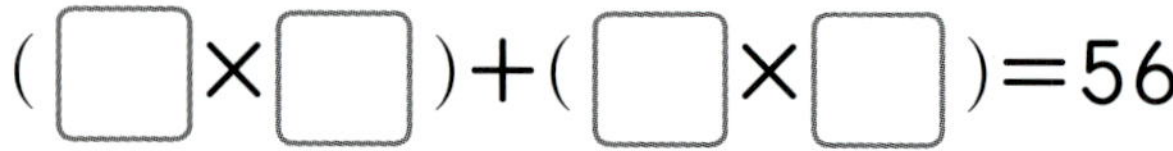

$$(\boxed{} \times \boxed{}) + (\boxed{} \times \boxed{}) = 56$$

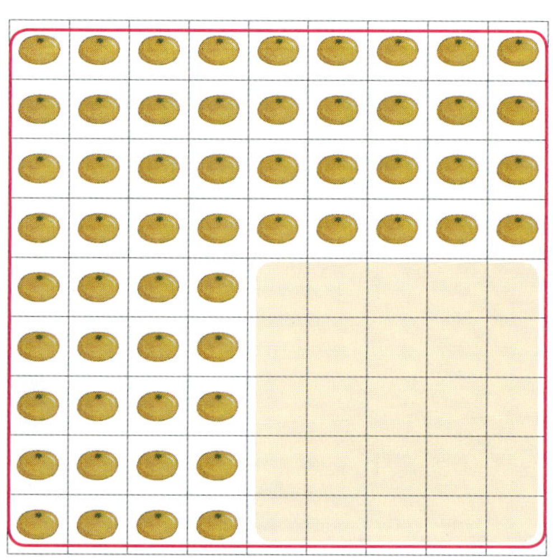

9개씩 9묶음에서 5개씩 5묶음을
빼서 구합니다.

$$(\boxed{} \times \boxed{}) - (\boxed{} \times \boxed{}) = 56$$

지오, 아인, 초이가 각자 다른 방법으로 구슬의 개수를 구하였습니다. □ 안에 알맞은 수를 써넣으시오.

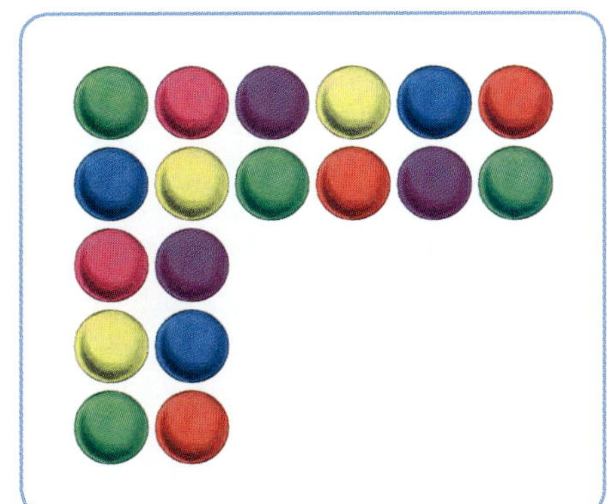

지오

$$(6 \times \boxed{}) + (2 \times \boxed{}) = 18$$

아인

$$(2 \times \boxed{}) + (\boxed{} \times 2) = 18$$

초이

$$(6 \times \boxed{}) - (\boxed{} \times \boxed{}) = 18$$

노크 포인트

곱셈과 덧셈, 뺄셈을 사용하여 구슬의 개수를 구할 수 있습니다. 구슬을 묶는 방법에 따라 개수를 구하는 식도 달라집니다.

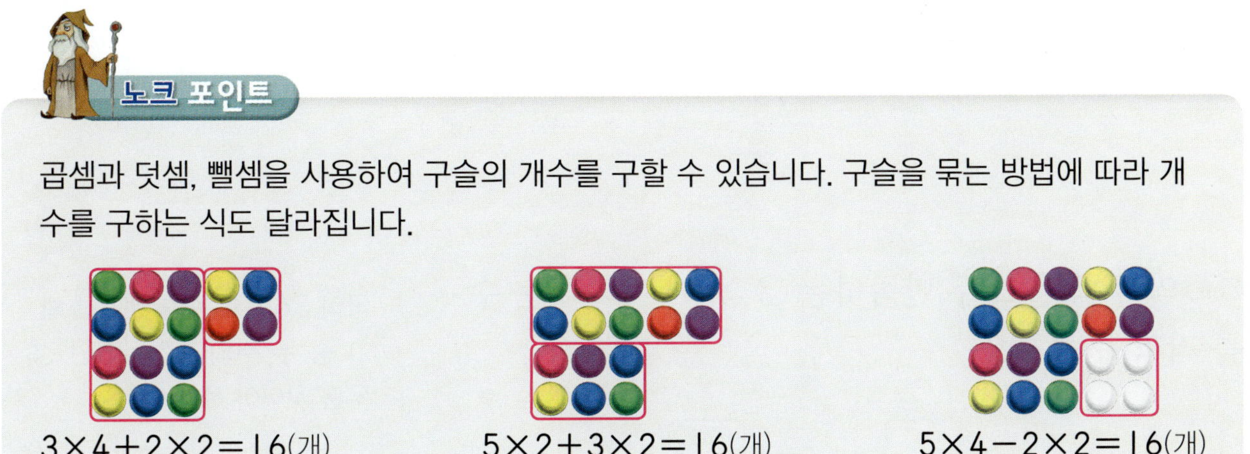

$3 \times 4 + 2 \times 2 = 16$(개) $5 \times 2 + 3 \times 2 = 16$(개) $5 \times 4 - 2 \times 2 = 16$(개)

두 수 구하기

지오는 어느 날 고대의 수학 문제가 적혀 있는 종이를 발견하였습니다. 규칙을 찾아 ○, ☆이 나타내는 수를 각각 구해 봅시다.

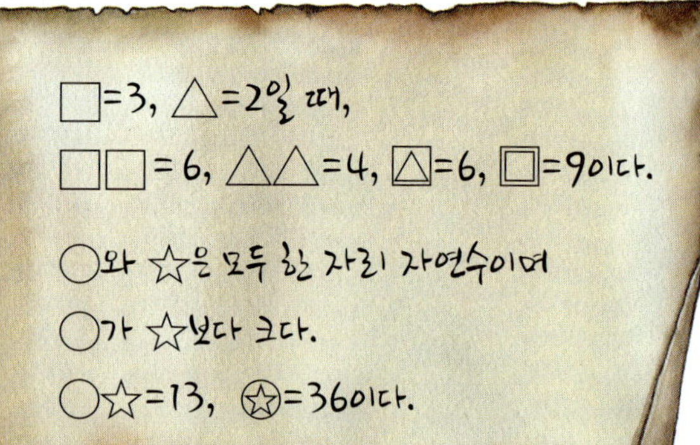

❶ 종이에 쓰인 규칙을 찾아 식으로 나타내시오.

□□=6 → 3+3=6   △△=4 → ____________

△=6 → ____________   □=9 → ____________

❷ ○와 ☆을 사용하여 다음을 식으로 나타내시오.

○☆=13 → ____________   ☆=36 → ____________

❸ ❷의 두 식을 모두 만족하는 ○, ☆이 나타내는 수를 각각 구하시오.

○: ☐   ☆: ☐

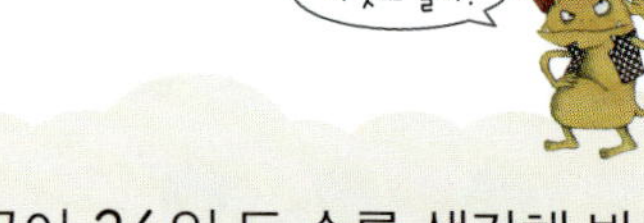

곱이 36인 두 수를 생각해 봐. 그 중 두 수의 합이 13인 경우를 찾아야 해.

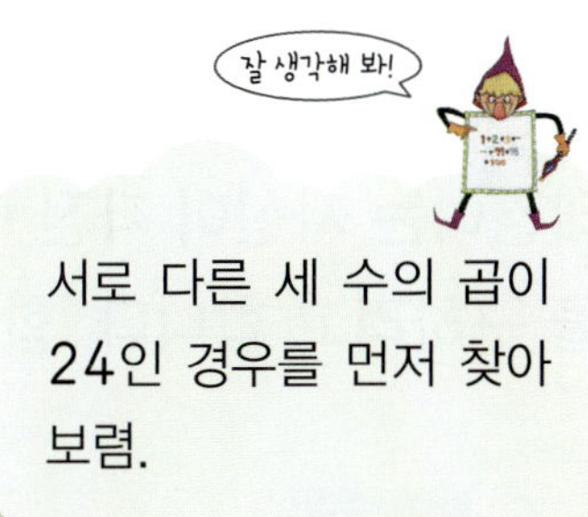

서로 다른 세 수의 곱이 24인 경우를 먼저 찾아 보렴.

[세 수의 곱]

1 ○, □, △가 모두 서로 다른 한 자리 자연수일 때, 다음 조건을 모두 만족하는 ○, □, △의 값을 각각 구하시오.

- ○×□×△＝24
- ○＋□＋△＝9
- ○<□<△

○: ☐　　　□: ☐　　　△: ☐

[두 개의 주사위]

2 아인이와 초이는 두 개의 주사위를 던져서 나온 수를 보고 대화를 나누었습니다. 두 사람의 대화를 보고 주사위에 나온 두 수는 각각 무엇인지 구하시오.

가장 크게, 가장 작게

태경이는 자신이 가진 네 장의 숫자 카드를 보기 와 같이 2장씩 곱한 다음, 그 곱의 합을 구하려고 합니다. 합이 가장 작은 경우와 가장 큰 경우를 구해 봅시다.

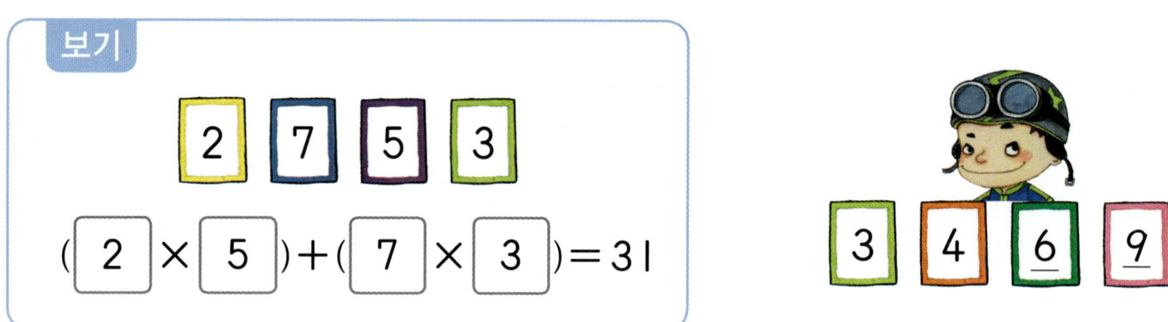

❶ 태경이가 가진 숫자 카드 네 장을 두 장씩 짝을 지어 만들 수 있는 곱을 모두 구하시오.

① $3 × 4 = \boxed{}$, $6 × 9 = \boxed{}$

② $\boxed{} × \boxed{} = \boxed{}$, $\boxed{} × \boxed{} = \boxed{}$

③ $\boxed{} × \boxed{} = \boxed{}$, $\boxed{} × \boxed{} = \boxed{}$

❷ ❶의 곱을 사용하여 곱의 합이 가장 큰 경우와 가장 작은 경우의 식을 완성하시오.

합이 가장 큰 경우: $(\boxed{} × \boxed{}) + (\boxed{} × \boxed{}) = \boxed{}$

합이 가장 작은 경우: $(\boxed{} × \boxed{}) + (\boxed{} × \boxed{}) = \boxed{}$

1 [가장 큰 합]

|8을 0보다 크고 |0보다 작은 두 자연수의 곱으로 나타낼 때, 두 자연수의 합이 가장 큰 경우의 합을 구하시오.

$$\boxed{} \times \boxed{} = 18$$

2 [가장 작은 합]

아인이와 초이가 각자 가지고 있는 숫자 카드 네 장을 모두 한 번씩만 사용하여 다음 식을 만들어 계산하려고 합니다. 계산 결과가 가장 작도록 식을 만들 때, 두 사람 중 더 작은 계산 결과를 만들 수 있는 사람은 누구입니까?

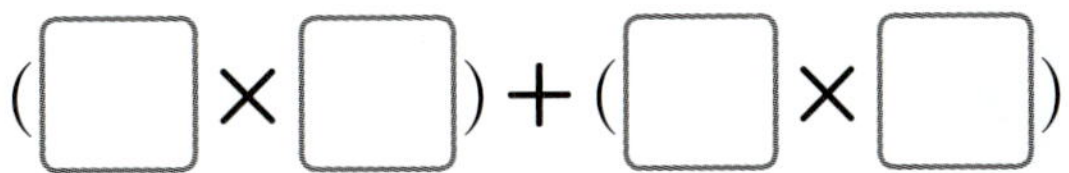

$$\left(\boxed{} \times \boxed{}\right) + \left(\boxed{} \times \boxed{}\right)$$

아인   

| 2 | 3 | 5 | 8 |

초이   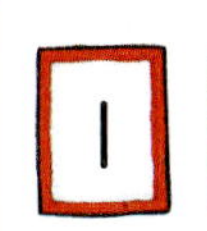

| 1 | 9 | 6 | 4 |

곱셈 퍼즐

요정은 빗자루를 타고, 아이들은 마법의 양탄자를 타고 마법의 성으로 가려고 합니다. 그러나 1부터 8까지의 숫자를 한 번씩 모두 사용하여 수학 퍼즐을 완성하지 않으면 양탄자는 하늘을 날지 않습니다.

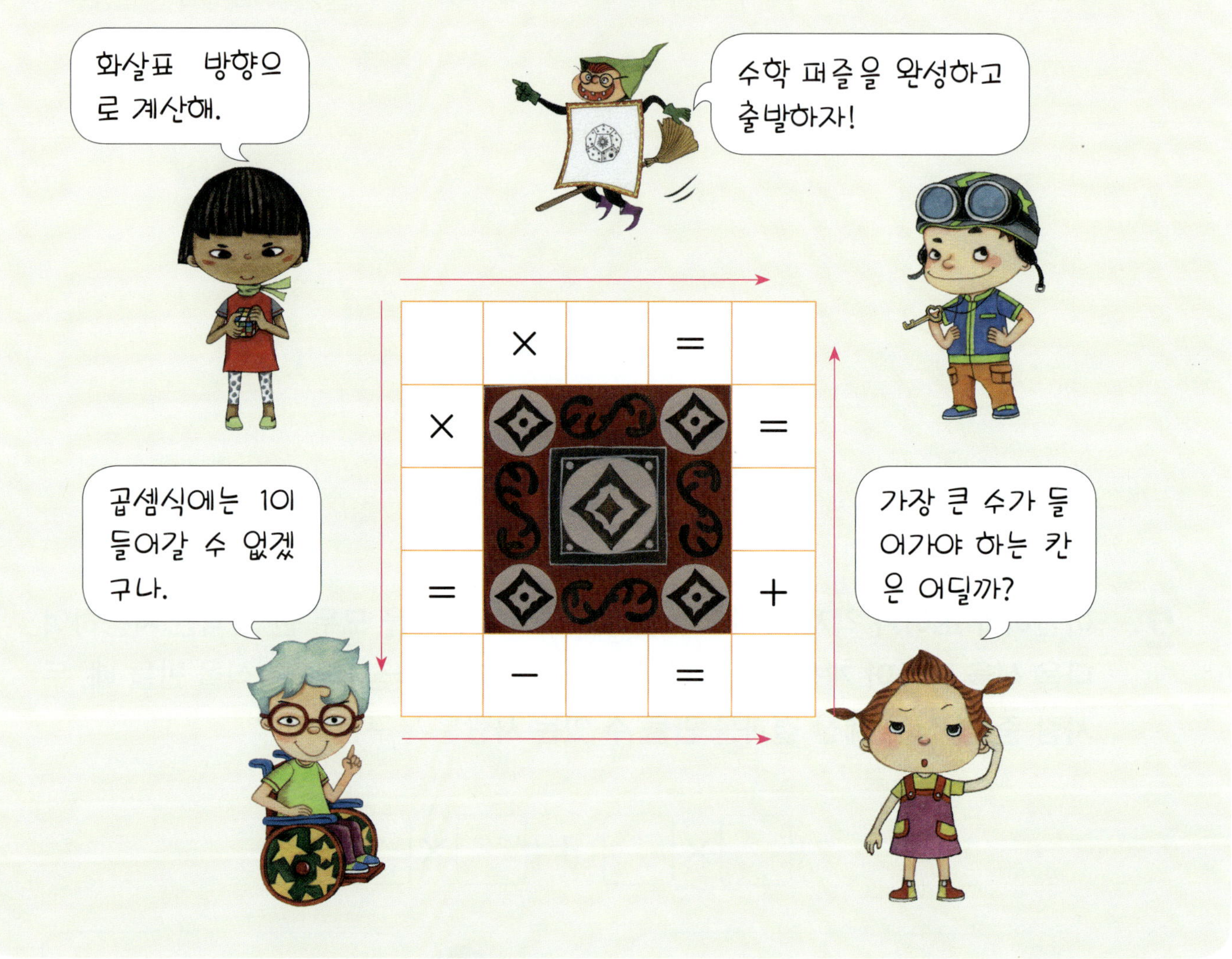

1부터 8까지의 숫자를 한 번씩 모두 사용하여 양탄자의 수학 퍼즐을 완성하시오.

주어진 수를 한 번씩 모두 사용하여 삼각형 위의 식이 모두 올바른 식이 되도록 빈 곳에 알맞은 수를 써넣으시오.

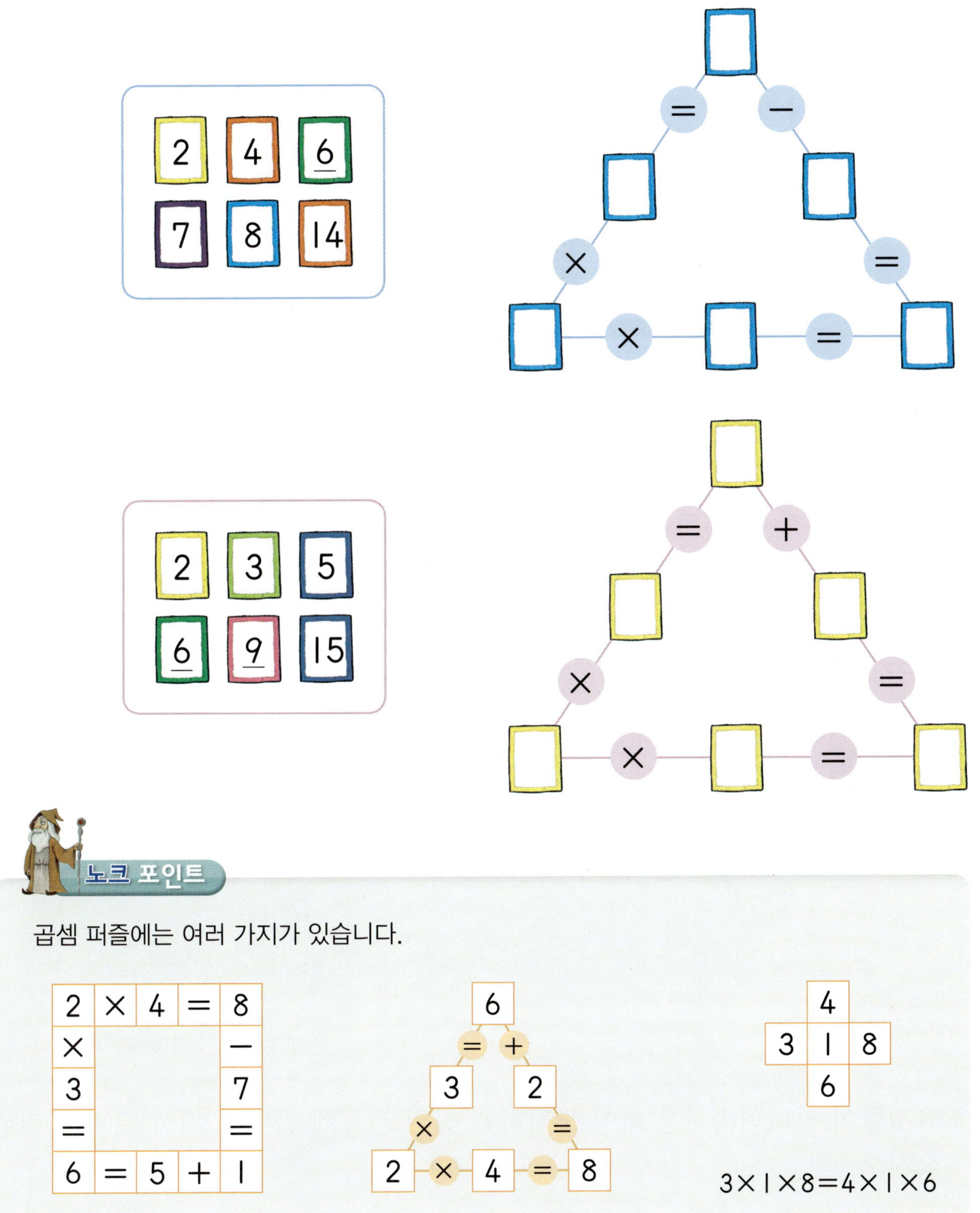

곱셈 퍼즐에는 여러 가지가 있습니다.

$$3 \times 1 \times 8 = 4 \times 1 \times 6$$

 # 따라가며 계산하기

수학 요정이 사다리를 타고 내려가면서 계산을 합니다. 사다리의 ☐ 안에 알맞은 수를 쓰고 도착하는 곳의 카드에 계산 결과를 써넣으시오.

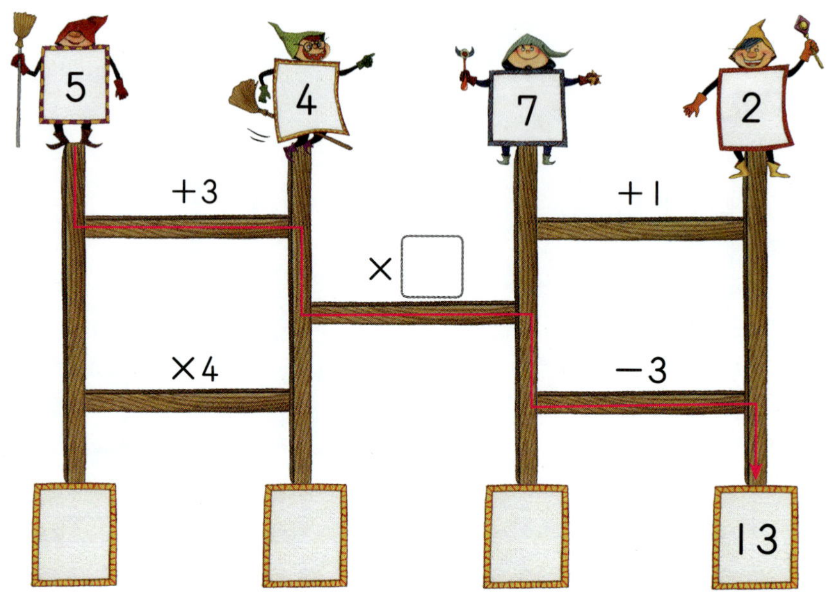

❶ 다음은 첫 번째 요정이 사다리를 따라 내려가는 길에 해야 하는 계산을 나타낸 것입니다. 빈 곳에 알맞은 수를 쓰고, 위 사다리의 ☐ 안에 알맞은 수를 써넣으시오.

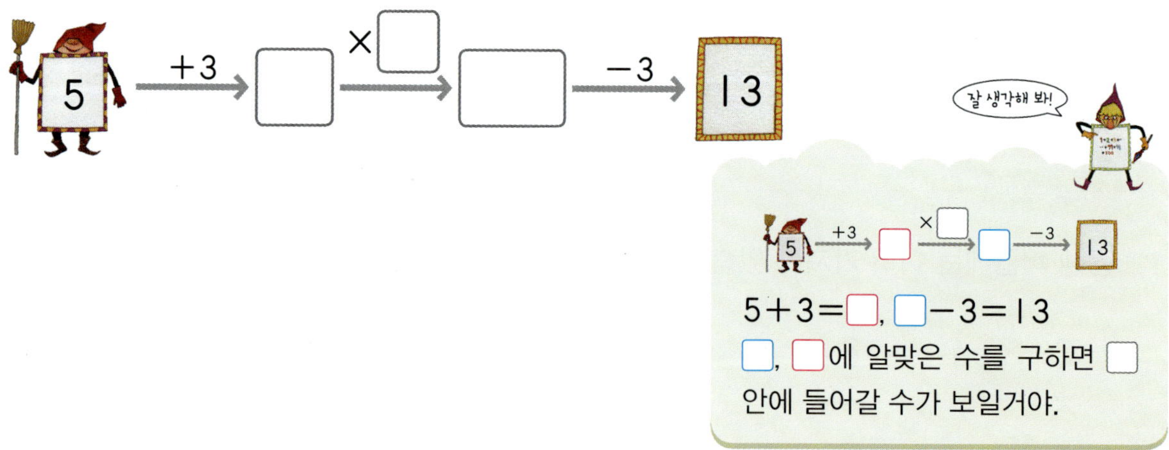

❷ 요정들이 사다리타기를 하여 도착하는 곳의 카드에 올바른 계산 결과를 써넣으시오.

1 태경이는 미로의 1번 문으로 들어가 미로를 통과하여 2번 문으로 나옵니다. 미로의 닫힌 문은 모두 잠겨 있으며, 가장 빠른 길로 미로를 통과하며 계산을 합니다. 미로를 통과하는 길을 나타내고, 계산 결과를 쓰시오.

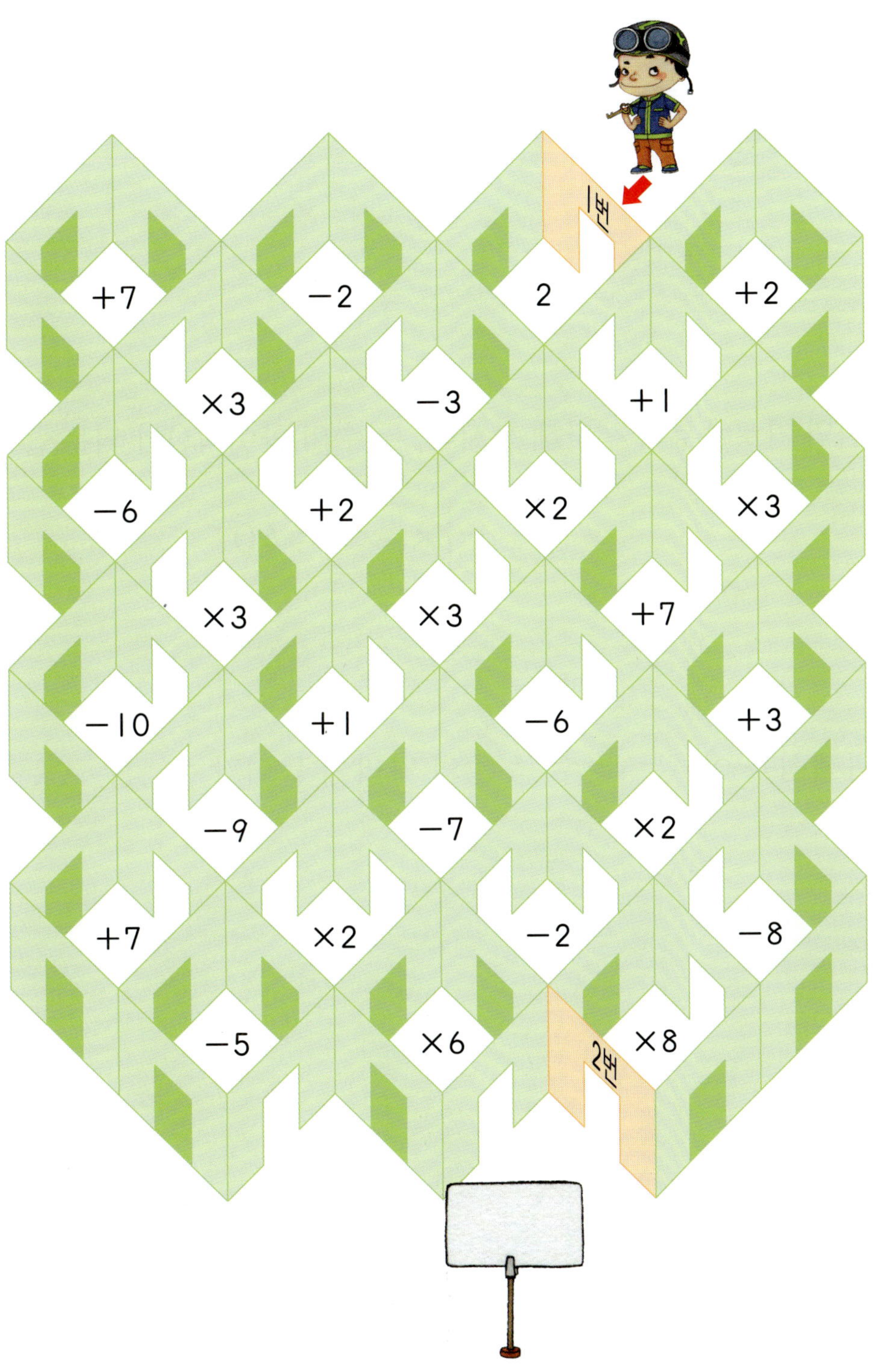

차례로 연산 퍼즐

와 같이 가장 아랫줄부터 선이 연결된 순서에 따라 계산하는 퍼즐이 있습니다. ☐ 안에 모두 다른 한 자리 수를 써넣어 퍼즐을 완성해 봅시다.

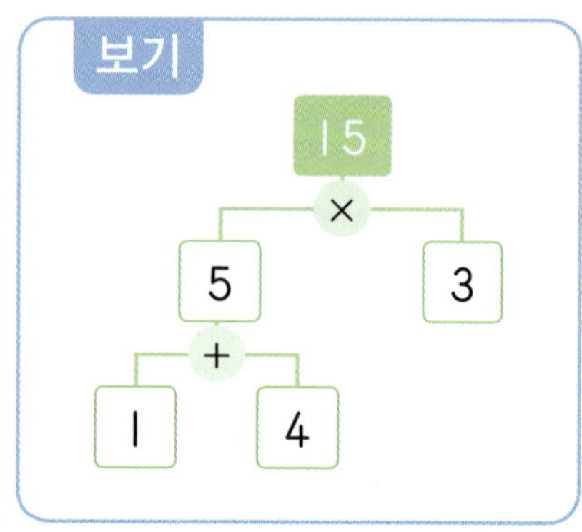

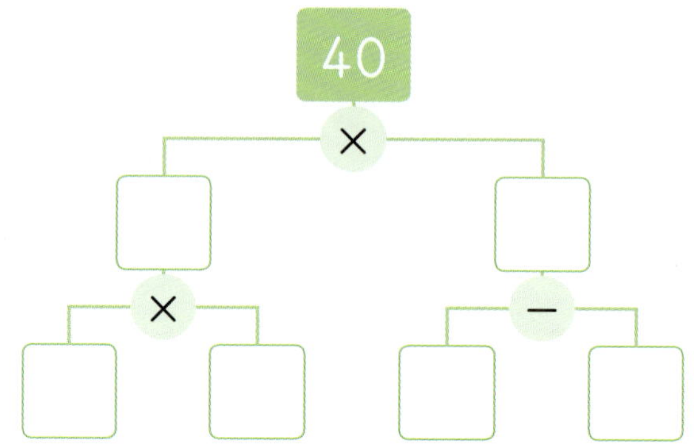

❶ 가장 위의 가로줄부터 생각해 봅시다. 두 수의 곱이 **40**이 되는 곱셈식을 쓰시오.

$$\boxed{} \times \boxed{} = 40$$

❷ ❶의 곱셈식을 이루는 두 수 중 ①의 자리에 들어갈 수 있는 수는 무엇입니까?

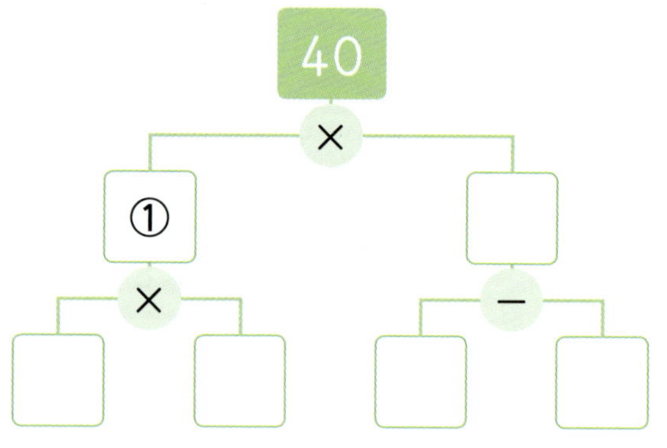

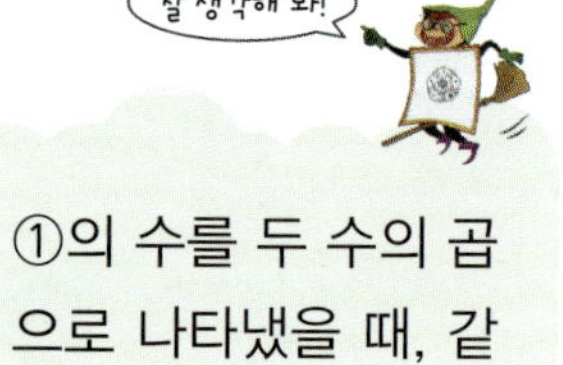

①의 수를 두 수의 곱으로 나타냈을 때, 같은 수를 사용하지 않는지 생각해 보렴.

❸ 모두 다른 한 자리 수를 사용하여 위 퍼즐을 완성하시오.

1 아래에 선으로 연결된 두 수를 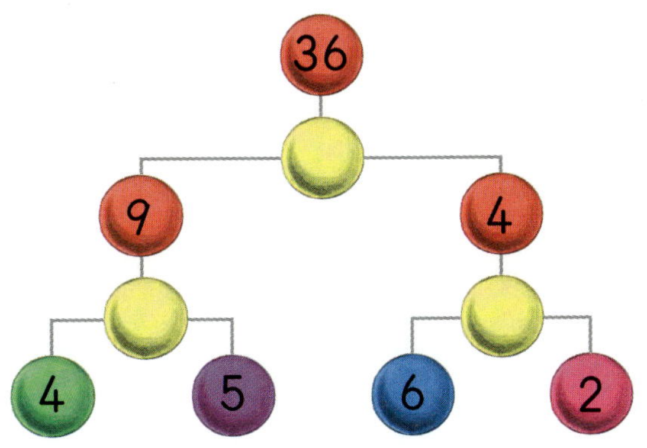 안의 연산을 따라 계산하면 계산 결과는 그 위의 ● 에 쓰인 수가 됩니다. ● 안에 ＋, －, ×를 알맞게 써넣으시오.

2 보기 와 같이 １부터 ９까지의 수와 ＋, －, ×를 사용하여 ▲ 안의 수를 만드는 퍼즐이 있습니다. 규칙 에 따라 퍼즐을 완성하시오.

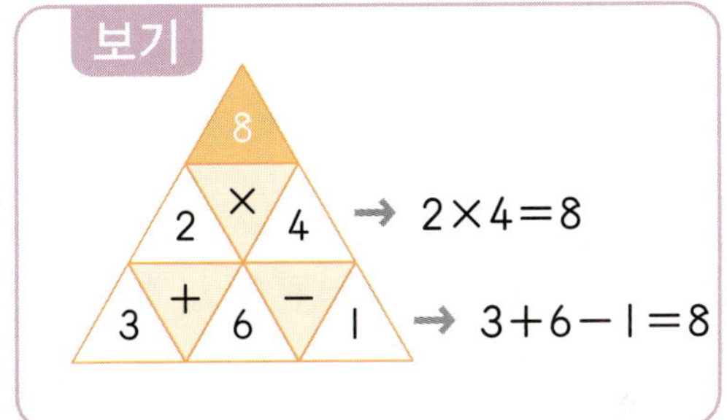

규칙

- 앞에서부터 차례로 계산합니다.
- △ 에 서로 다른 숫자를 한 번씩만 쓸 수 있습니다.
- ▽ 에 ＋, －, ×를 한 번씩만 쓸 수 있습니다.

창의적 문제해결력

1 ㅣ부터 5까지의 수를 한 번씩 써넣어 가로줄, 세로줄에 놓인 세 수의 곱의 합이 가장 큰 경우와 가장 작은 경우를 각각 만들고, 계산 결과를 쓰시오.

[가장 작은 계산 결과]

[가장 큰 계산 결과]

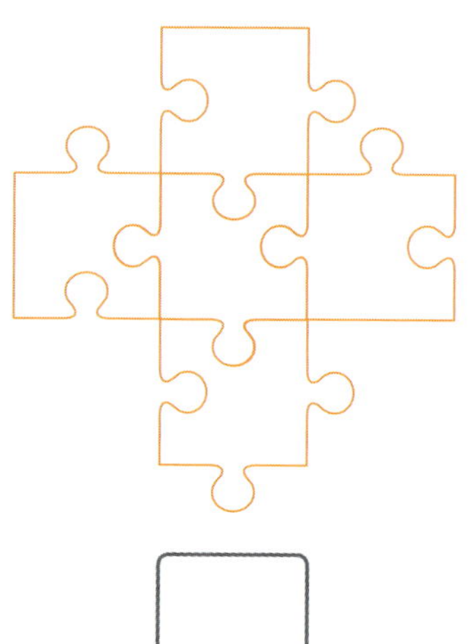

2 다음 수 배열표에서 7을 중심으로 대각선 방향에 있는 네 수 ㅣ, 3, ㅣㅣ, ㅣ3의 합은 7의 4배인 28입니다. 어떤 수를 중심으로 대각선 방향에 있는 네 수의 합이 36일 때, 어떤 수를 구하시오.

ㅣ	2	3	4	5
6	7	8	9	ㅣ0
ㅣㅣ	ㅣ2	ㅣ3	ㅣ4	ㅣ5
ㅣ6	ㅣ7	ㅣ8	ㅣ9	20

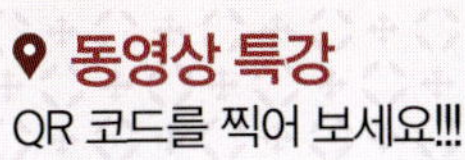

3 ○, □, △는 서로 다른 한 자리 자연수입니다. ○, □, △가 나타내는 수를 한 번씩 사용하여 다음 식의 계산 결과가 가장 작도록 ☐ 안에 알맞은 수를 써넣으시오.

$$○ \times □ = 12 \quad □ \times △ = 24 \quad △ \times ○ = 18$$

$$(\boxed{} + \boxed{}) \times \boxed{}$$

4 보기와 같이 육각형을 한 번씩 모두 지나면서 올바른 식이 되도록 선으로 이으시오.

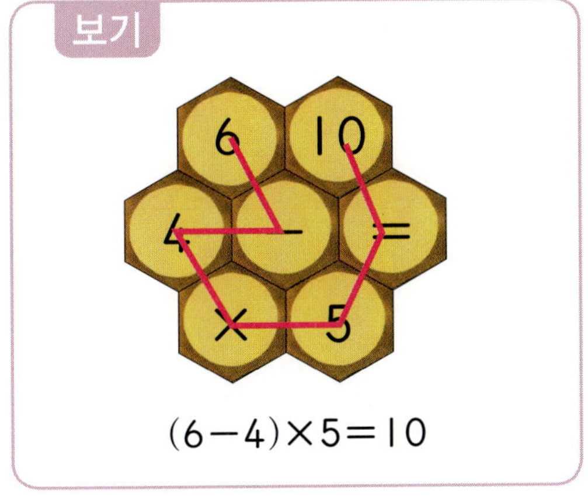

미지의 수

10 어떤 수

대마왕이 딴소리 요괴에게 계산 문제를 내었습니다. 딴소리 요괴는 문제는 잘못 들었지만, 자신이 들은 대로 정확하게 계산하였습니다.

어떤 수를 □로 하여 딴소리 요괴가 계산한 식을 나타내시오.

어떤 수를 구하시오.

어떤 수를 □로 하여 대마왕의 문제를 식으로 나타내고, 계산 결과를 구하시오.

어떤 수와 8을 곱하면 32입니다.

식: ________________________

6과 어떤 수의 합은 27입니다.

식: ________________________

5에 어떤 수를 더하면 30입니다.

식: ________________________

어떤 수에서 8을 빼면 24입니다.

식: ________________________

노크 포인트

다음과 같은 문제에서 잘못 계산한 결과를 이용하여 바른 계산 결과를 구할 수 있습니다.

어떤 수에 7을 더해야 할 것을 잘못하여 곱했더니 21이 되었습니다. 바르게 계산한 결과를 구하시오.

① 어떤 수를 □라고 하여 잘못된 계산을 식으로 나타냅니다. ➡ □×7=21
② 어떤 수 □를 구합니다. ➡ □=3
③ ②에서 구한 수를 바른 계산식에 넣어 계산 결과를 구합니다. ➡ □+7=3+7=10

어떤 수 구하기

아인이는 태경이가 가장 좋아하는 수를 맞히기로 하였습니다. 아인이와 태경이의 대화
를 보고 태경이가 가장 좋아하는 수를 구해 봅시다.

❶ 태경이가 가장 좋아하는 수를 ☐라고 할 때, 아인이가 이야기한 식은 다음과
같이 나타낼 수 있습니다. ◯ 안에 알맞은 수를 써넣으시오.

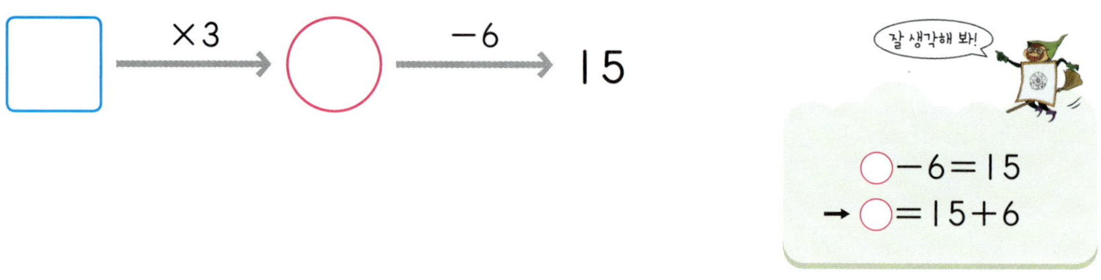

❷ ☐에 3을 곱하면 ◯ 안의 수입니다. 태경이가 가장 좋아하는 수를 구하시오.

1 [사탕의 개수]

상자 안에 모두 같은 개수의 사탕이 들어 있습니다. 다섯 상자에 있는 사탕의 개수가 모두 35개라면 한 상자에는 사탕이 몇 개씩 들어 있습니까? ☐를 사용한 식으로 나타내고 답을 구하시오.

식: _______________________________________

답: _______________

2 [어떤 수]

다음을 읽고 ☐를 사용한 식으로 나타내고 어떤 수를 구하시오.

❶ 3과 어떤 수의 곱에서 2를 빼면 22입니다.

식: _______________________________________

답: _______________

❷ 7과 8의 곱에서 어떤 수를 뺐더니 47이 되었습니다.

식: _______________________________________

답: _______________

 바르게 계산하기

잠만자 요괴는 수학 공부를 하다가 잠이 들고 말았습니다. 잠만자 요괴가 이야기한 문제를 잘못 들은 거꾸로 요괴의 계산을 보고 바르게 계산한 결과를 구해 봅시다.

잠만자 요괴   거꾸로 요괴

❶ 어떤 수를 ☐로 하여 거꾸로 요괴가 계산한 식을 나타낸 것입니다. 다음 ☐ 안에 알맞은 수를 써넣으시오.

$$\boxed{} \xrightarrow{-3} \boxed{} \xrightarrow{\times 4} 12$$

❷ ❶의 ☐ 안의 수를 보고 어떤 수를 구하시오.

❸ 잠만자 요괴가 이야기한 식을 나타낸 것입니다. ☐ 안에 알맞은 수를 각각 써넣으시오.

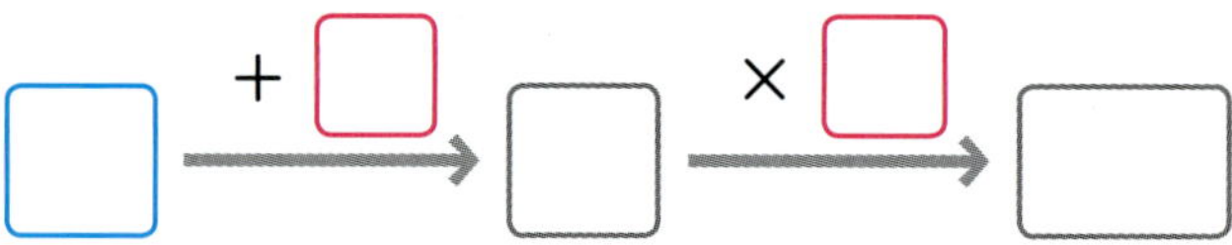
$$\boxed{} \xrightarrow{+\ \boxed{}} \boxed{} \xrightarrow{\times\ \boxed{}} \boxed{}$$

❹ ❸의 식에 ❷에서 구한 어떤 수를 ☐ 안에 넣어 바르게 계산한 결과를 구하시오.

1 수학책에 있는 문제를 잘못 보고 울보 요괴가 문제를 풀었습니다. 바르게 계산한 값을 구하시오.

2 초이는 가지고 있는 딱지의 2배보다 9개 적은 수의 딱지를 지오에게 주기로 하였습니다. 그런데 잘못하여 가지고 있는 딱지보다 6개 적은 수의 2배인 4개를 지오에게 주었습니다. 초이가 원래 지오에게 주어야 하는 딱지는 몇 개입니까?

목표수

태경이가 계단을 올라가 지옥의 문을 열고 탈출하려면 주어진 숫자 카드를 한 번씩 사용하여 주어진 수를 만들어야 합니다.

숫자 카드를 한 번씩 사용하여 계단 수를 만들 수 있도록 다음 식을 완성하시오.

$$\square \times \square - \square = 1 \qquad \square \times \square - \square = 7$$

$$\square \times \square \times \square = 30 \qquad \square \times \square + \square = 11$$

$$(\square + \square) \times \square = 25 \qquad \square \times \square + \square = 17$$

1, 2, 3, 4 중 3개의 수와 ＋, －, × 중 2개를 사용하여 보기 와 같이 2부터 5까지의 수를 만드시오. (단, 앞에서부터 차례로 계산합니다.)

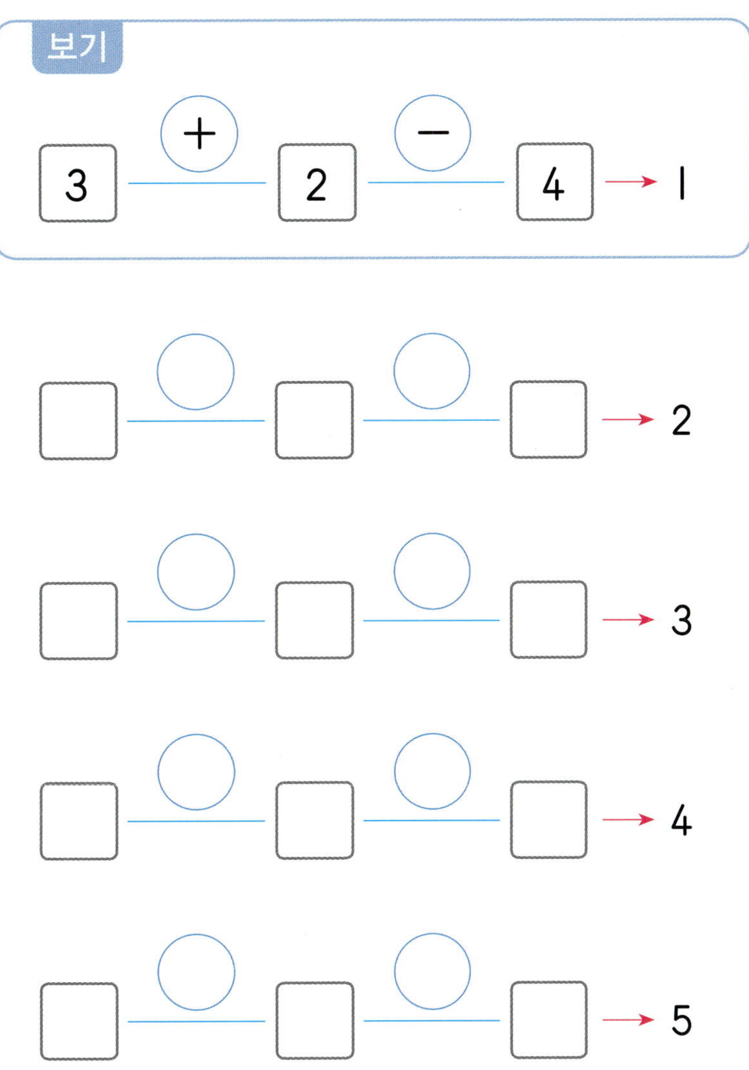

수와 ×, ＋, －를 사용하여 목표수를 만들 수 있습니다.

① ×, ＋, －를 사용하여 식을 만들 경우 곱셈을 가장 먼저 계산합니다.
$$I＋2×3－4=I＋6－4=3$$
② 두 숫자를 붙여서 두 자리 수로 만들 수 있습니다.
$$I2－3＋4=I3$$

식 완성하기

주어진 수 카드와 ✕, ✚ 카드를 한 번씩 모두 사용하여 올바른 식을 만들어 봅시다.
(단, 곱셈은 덧셈보다 항상 먼저 계산합니다.)

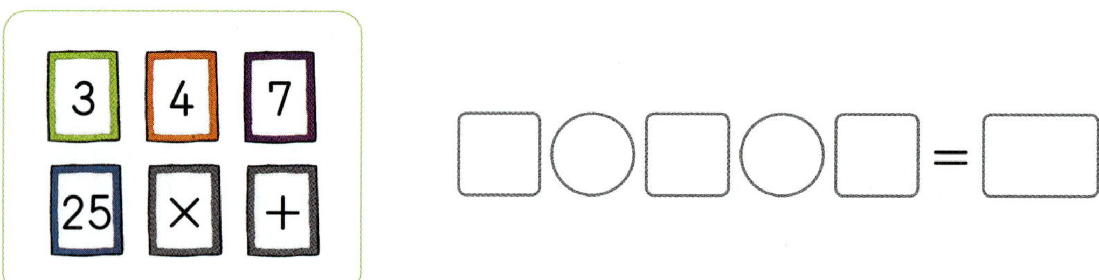

❶ ☐ 안에는 수, ◯ 안에는 ✕, ✚를 넣는다고 할 때,
①에 알맞은 수는 무엇입니까?

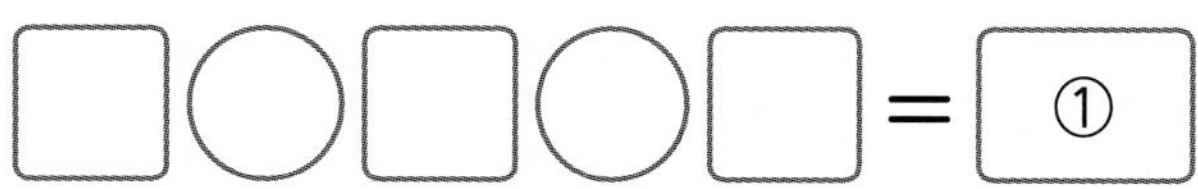

❷ 위 ◯ 안에 ✕, ✚를 써넣으시오. (단, 곱셈은 항상 덧셈보다 먼저 계산하므로
순서는 중요하지 않습니다.)

❸ 곱셈은 덧셈보다 먼저 계산하므로 두 수의 곱과 어떤 수의 합은 ①의 수입니다.
위 ☐ 안에 주어진 수를 알맞게 써넣으시오.

1 ◯ 안에 ＋, －, ×를 알맞게 써넣어 올바른 식을 만드시오.

❶ 6 ◯ 2 ◯ 5 = 1 ◯ 3 ◯ 2

❷ 9 ◯ 7 ◯ 6 = 5 ◯ 1 ◯ 3

[주머니 안의 수]

2 주머니 안의 수를 한 번씩 사용하여 올바른 식을 만드시오. (단, 곱셈은 덧셈과 뺄셈보다 먼저 계산한 후 앞에서부터 차례로 계산합니다.)

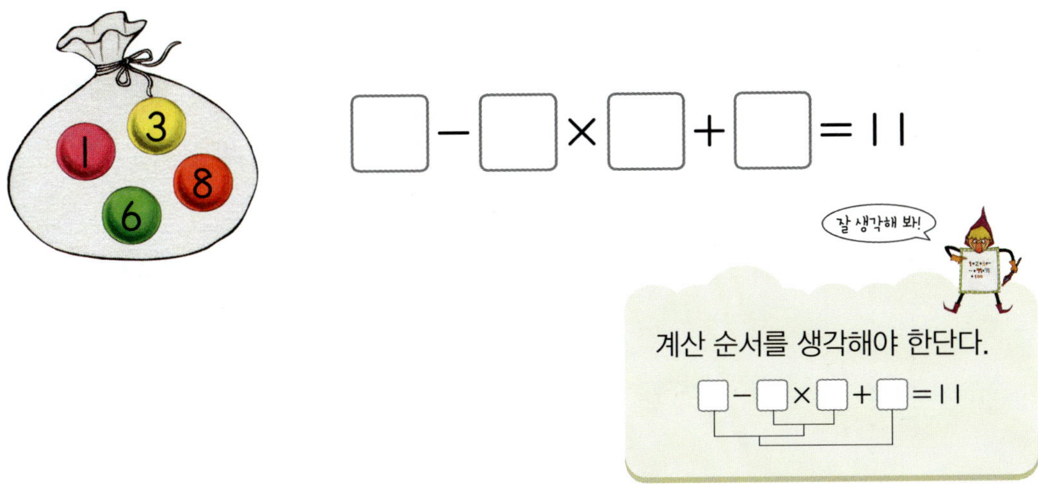

수 만들기

주사위 3개를 던져 나온 수를 한 번씩 사용하여 계산 결과가 초이와 아인이가 말한 수
가 되는 식을 만들어 봅시다. (단, ＋, －, ×를 사용하고, 곱셈은 덧셈과 뺄셈보다 먼
저 계산합니다.)

❶ 초이가 말한 수 5를 만들기 위해서는 '－'를 반드시 사용해야 합니다. ☐ 안에
는 수, ◯ 안에는 ＋, －, ×를 알맞게 넣어 목표수 5를 만드시오.

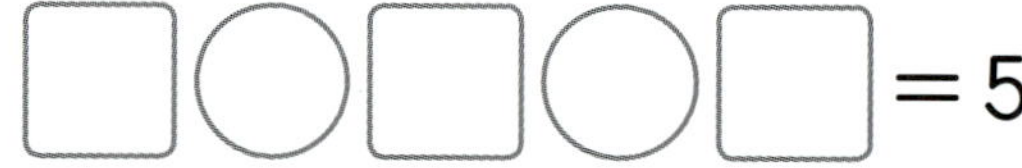

$$\boxed{}\,\bigcirc\,\boxed{}\,\bigcirc\,\boxed{}=5$$

❷ 아인이가 말한 수 40을 만들기 위해서는 '×'를 반드시 사용해야 합니다. ☐
안에는 수, ◯ 안에는 ＋, －, ×를 알맞게 넣어 목표수 40을 만드시오.

$$\boxed{}\,\bigcirc\,\boxed{}\,\bigcirc\,\boxed{}=40$$

1 주어진 수 사이에 ＋, －, ×를 모두 한 번씩만 넣어 다음 식을 완성하시오.
(단, 곱셈은 덧셈과 뺄셈보다 먼저 계산합니다.)

❶ 1 2 3 4 5＝5   **❷** 1 2 3 4 5＝22

2 ＋, －, × 중 2개와 주어진 숫자 카드를 사용하여 식을 만들었을 때 계산 결과
가 될 수 없는 수에 ×표 하시오.

3	9	1

7	4	12	26

도형이 나타내는 수

어느 날 수학 요정은 마법 구슬의 개수를 세어 마법 나라의 숫자로 적어 놓았습니다. 요정은 지오와 초이에게 구슬이 각각 몇 개씩 있는지 맞히면 원하는 만큼의 구슬을 주겠다고 하였습니다.

각 구슬의 개수를 알아보시오.

● : □ 개   ● : □ 개   ● : □ 개

같은 모양은 같은 수, 다른 모양은 다른 수를 나타냅니다. ★이 나타내는 수를 구하시오.

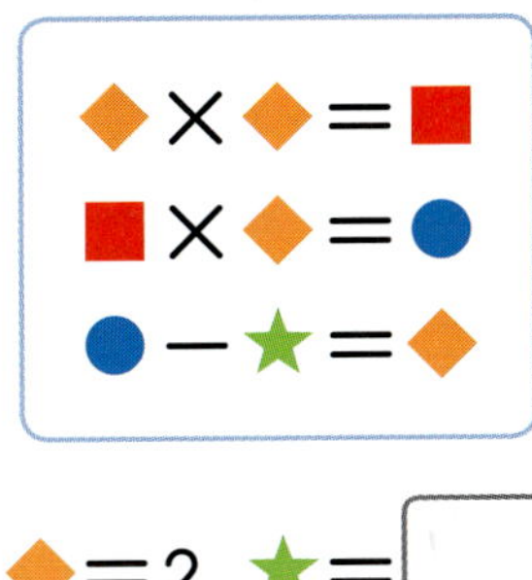

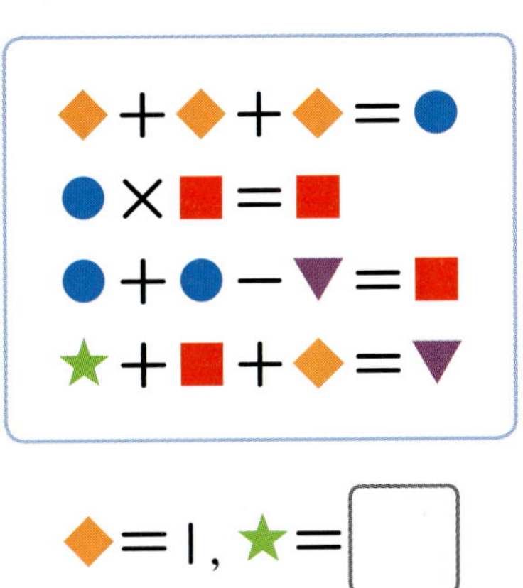

도형이 나타내는 수를 차례로 넣어 구할 수 있습니다.

 # 도형이 만든 퍼즐

다음 퍼즐의 가운데 수는 둘러싼 도형이 나타내는 수의 곱입니다. 같은 도형은 같은 수, 다른 도형은 다른 수를 나타낸다고 할 때, ■의 값을 구하시오.

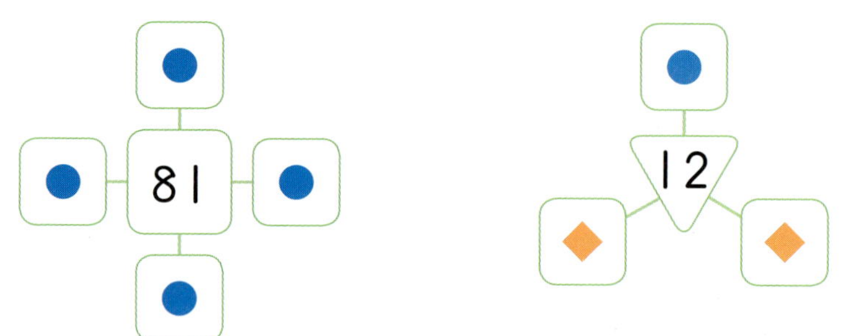

❶ 첫 번째 퍼즐에서 ●를 4번 곱한 수가 81입니다. 81을 같은 수 4개의 곱으로 나타내고, ●의 값을 구하시오.

$$81 = \boxed{} \times \boxed{} \times \boxed{} \times \boxed{}$$

❷ ❶에서 구한 ●의 값을 사용하여 두 번째 퍼즐에서 ◆의 값을 구하시오.

$$12 = ● \times ◆ \times ◆ = \boxed{} \times ◆ \times ◆$$

❸ 마지막 퍼즐의 ☐ 안에 ●, ◆가 나타내는 수를 모두 쓰고 ■의 값을 구하시오.

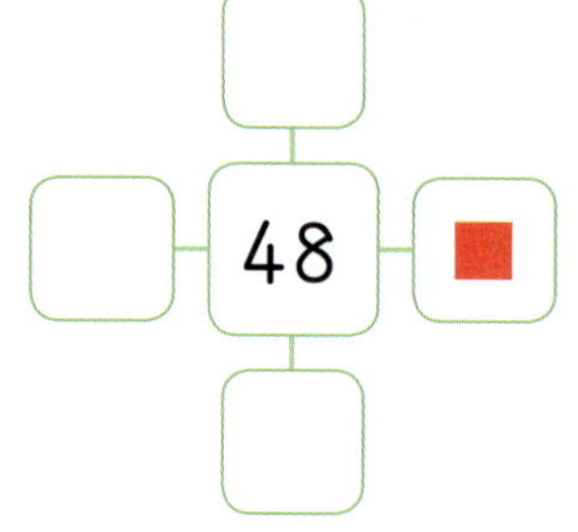

1 다음 퍼즐의 왼쪽과 아래쪽의 수는 각 가로줄과 세로줄에 있는 도형이 나타내는 수의 합입니다. 같은 도형은 같은 수를, 다른 도형은 다른 수를 나타낸다고 할 때, ☐ 안에 알맞은 수를 써넣으시오.

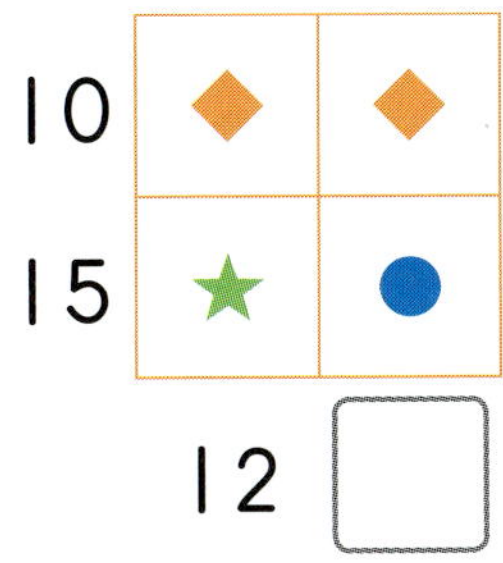

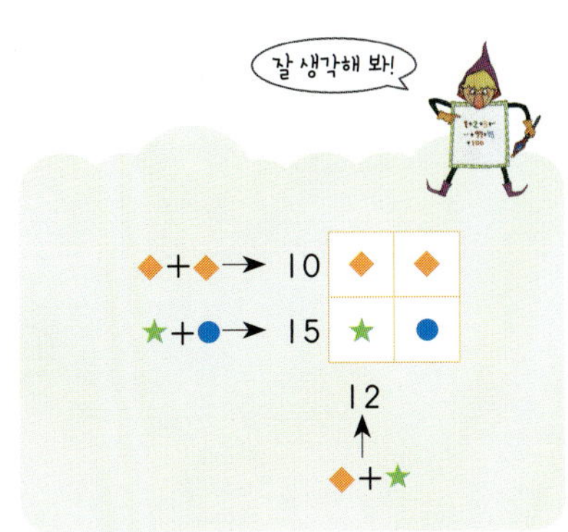

2 보기 와 같이 가로줄에 놓인 도형이 나타내는 수의 곱을 퍼즐의 오른쪽에 쓰고, 합을 퍼즐의 아래쪽에 씁니다. ●, ◆, ★이 나타내는 수의 합을 구하시오.

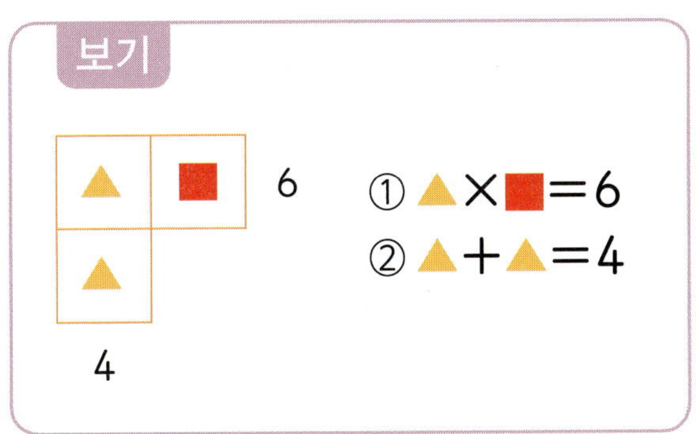

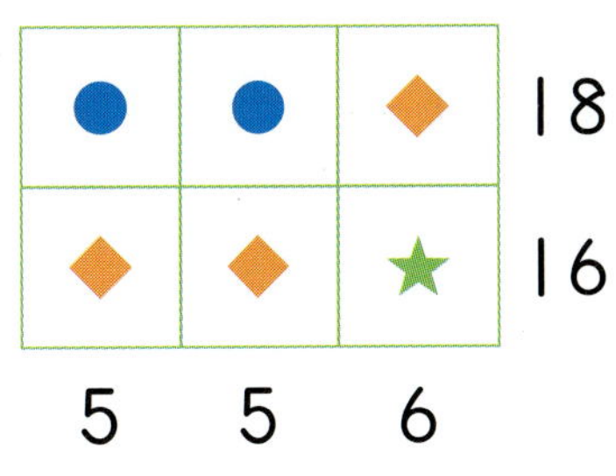

도형이 만든 식

다음 식에서 각 요괴들은 1부터 5까지의 수 중 하나를 가리고 있습니다. 같은 요괴는 같은 수를, 각 요괴는 서로 다른 수를 가렸을 때, 와 가 가리고 있는 수를 각각 구해 봅시다.

❶ 식 ㉢에서 가 가리고 있는 수를 구하시오.

❷ 식 ㉡에서 , 가 가리고 있는 수를 차례로 쓰시오.

❸ 각 요괴가 가리고 있는 수를 □ 안에 써넣으시오.

1

다음 식에서 같은 도형은 같은 수를, 다른 도형은 다른 수를 나타냅니다. ★이 나타내는 수를 구하시오.

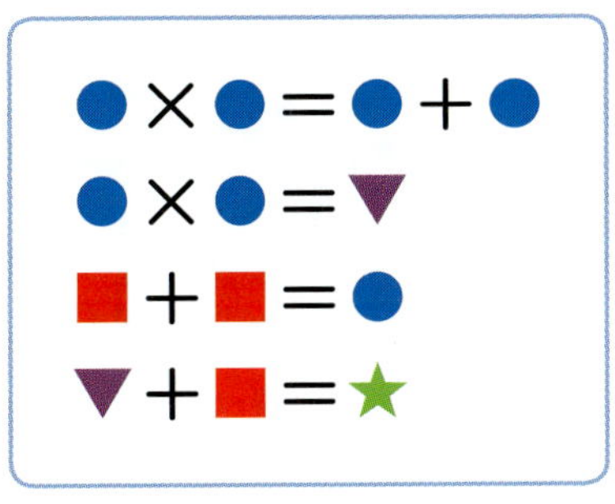

2

다음 계산에서 ■, ●, ▼, ★은 서로 다른 한 자리 수를 나타냅니다. 각 도형이 나타내는 수를 각각 구하시오.

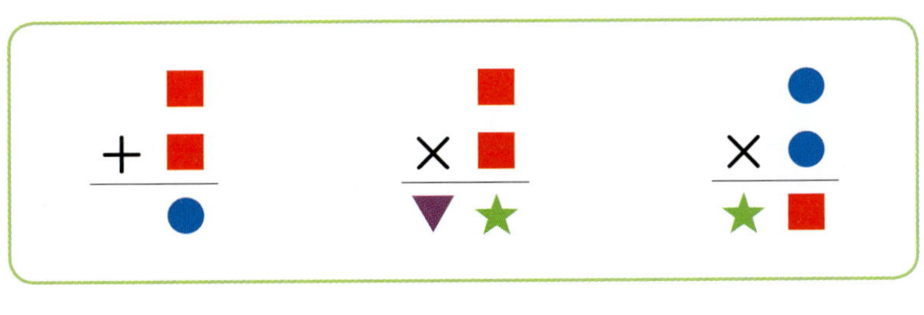

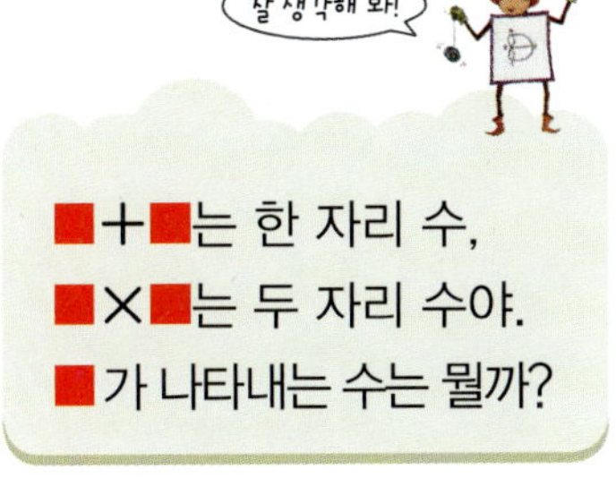

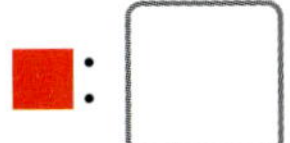   

1 어떤 수에 3을 더하고 7을 곱해야 할 것을 어떤 수에 7을 곱하고 3을 뺐더니 32가 되었습니다. 바르게 계산한 값을 구하시오.

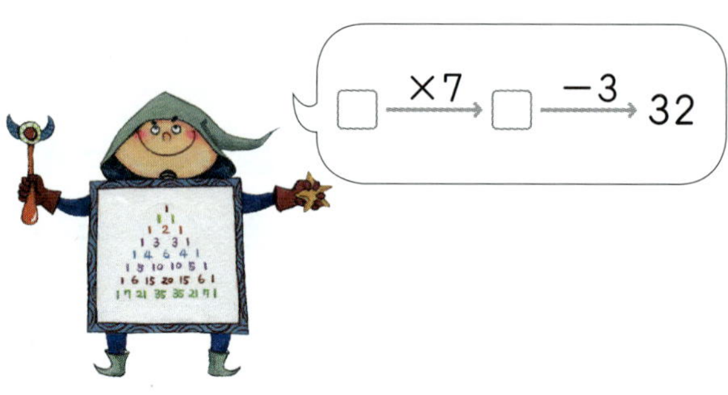

2 0부터 9까지의 수를 한 번씩 모두 사용하여 올바른 식이 되도록 만드시오.

□ − □ = □

□ + □ = □

□ × □ = □□

3 같은 도형은 같은 수, 다른 도형은 다른 수를 나타냅니다. 각 도형이 한 자리 수일 때, ■ ― ◆ ― ●의 값을 구하시오.

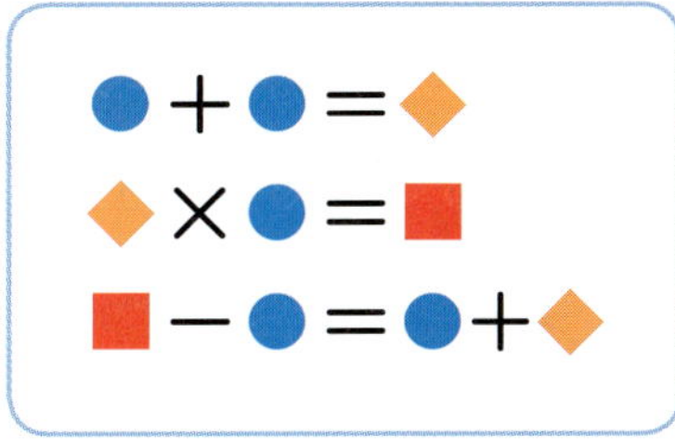

4 가, 나, 다, 라, 마는 1부터 5까지의 수 중 서로 다른 수를 나타냅니다. 퍼즐의 오른쪽과 아래쪽의 수는 각 가로줄과 세로줄의 글자가 나타내는 수의 합일 때, 각 글자가 나타내는 수를 각각 구하시오.

가	나	다	6
라	라	나	10
마	나	다	10
10	8	8	

18, 19쪽에 사용하세요.

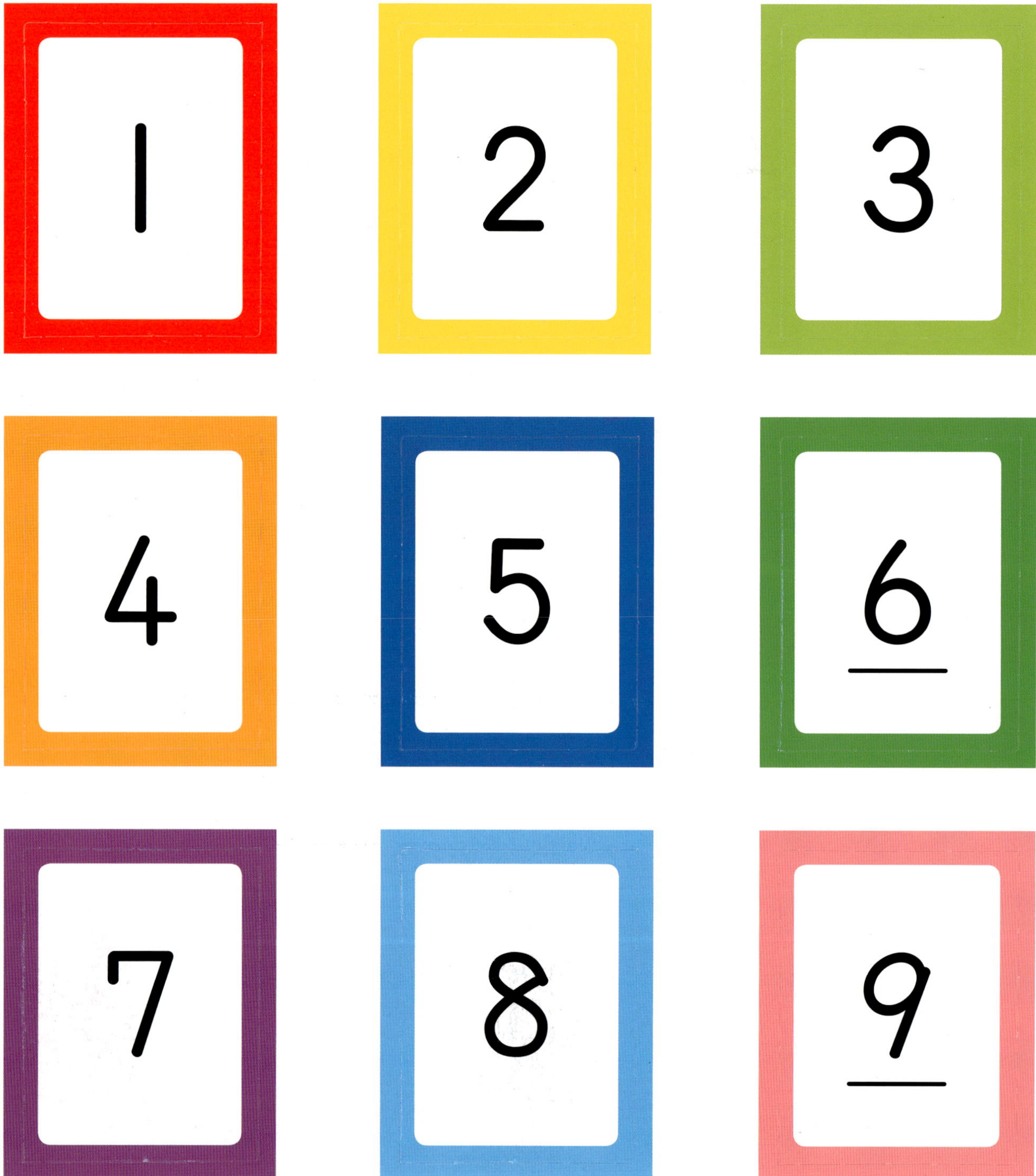